货代高手
教你做货代

何银星 编著

TO BE THE BEST FORWARDER
——优秀货代笔记（第三版）
AN EXPERT'S HANDBOOK (Third Edition)

中国海关出版社有限公司

·北京·

图书在版编目（CIP）数据

货代高手教你做货代：优秀货代笔记／何银星编著 . —3
版 . —北京：中国海关出版社有限公司，2022.10
ISBN 978-7-5175-0602-7

Ⅰ. ①货… Ⅱ. ①何… Ⅲ. ①货运代理 Ⅳ. ①U294.1

中国版本图书馆 CIP 数据核字（2022）第 191193 号

货 代 高 手 教 你 做 货 代 ——优 秀 货 代 笔 记 （第三版）
HUODAI GAOSHOU JIAO NI ZUO HUODAI——YOUXIU HUODAI BIJI（DI－SAN BAN）

作　　者：何银星
责任编辑：夏淑婷
出版发行：中国海关出版社有限公司
社　　址：北京市朝阳区东四环南路甲 1 号　　　　　　邮政编码：100023
编 辑 部：01065194242－7539（电话）
发 行 部：01065194221/4238/4246/5127（电话）
社办书店：01065195616（电话）
　　　　　https：//weidian. com /？userid＝319526934（网址）
印　　刷：北京新华印刷有限公司　　　　　　　　　经　　销：新华书店
开　　本：710mm×1000mm　1/16
印　　张：14.75　　　　　　　　　　　　　　　　字　　数：220 千字
版　　次：2022 年 10 月第 3 版
印　　次：2022 年 10 月第 1 次印刷
书　　号：ISBN　978－7－5175－0602－7
定　　价：52. 00 元

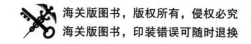

第三版序

  我也没想到，还有那么多货代行业内的朋友喜欢我的书，因为你们的喜欢，所以有了这本书的第三次修订。经历了这么多年的沉淀，对行业和销售我有了更深的领悟，把自己增加的一些见识分享出来供大家共同探讨、共同进步。虽然我暂时离开了货代行业，但还时时关注着动态。尤其是近几年受新冠肺炎疫情影响，整个行业经历了大洗牌。短短两三年时间，航运价格飙升了十倍左右。这个上涨的红利肯定是有人享受到的，但是更多的却是被这样的波动"清洗"，这就是市场的残酷。随着经济全球化的推进，国际贸易呈现多元化的新形势，其中，亚马逊物流服务（FBA）国际站发展得较快。随着海外仓的普及，做全球生意就和国内淘宝一样方便，加上国内外小包物流的崛起，新的商业模式开拓出了一条自己独特的成长之路，物流人的工作也被进一步细化。其实只要专注做好其中一种模式，就能独领风骚了。条条大路通罗马，有些人愿意尝试多走一些路，而有些人则喜欢认真走好一条路，每个人的选择不一样。在这次修订过程中我也正视自己曾经忽视的一个问题，那就是对于我们做销售的而言，到底什么是最重要的。我认为，最重要的并不是拼命地去开拓新客户，而是保持感恩的心，维护老客户，这样的维护远比开发的意义大。基于以上原因，这次修订还是非常值得期待的，我也希望第三版同样能够得到大家的认可。

作者

2022 年 9 月

第一版序

"要想受折磨，就来做货代。"这是目前货代行业流行最为广泛的一句俗语。让未入行但想从事货代工作的朋友有种望而生畏的感觉。做货代业务员真的有这么可怕吗？其实不然，这句话只是形容货代的工作繁杂、面对问题的无奈、开发客户的艰难、运输货物的风险等。换个角度想想，无论要在哪一行取得成功都不是轻而易举的事情。在金融海啸的侵袭下，我们仍旧可以看到优秀的货代业务员拿下大客户，取得大订单，为公司赢利。

本书其实就是一个分享，从不同合作伙伴眼中的货代写起，让读者全面认识货代行业，明白其中各个岗位的职能，了解整个国际货运的流程，掌握高效开发客户的技巧和方法，熟识维护外贸客户的经验，同时，教大家如何规避货代行业风险。

本书摈弃了太过书面化的专业内容，从一个工作多年的货代人的角度出发，用行业内基本的语言深入浅出地解读货代工作中的种种，用真实案例来诠释实际操作中的问题。为正在从事货代工作，或者即将从事货代工作的朋友，提供一些帮助。

当然，这本书不仅仅针对货代这个行业，同样也适用于从事外贸或者相关行业，更或者是对货代工作感兴趣的朋友。它能让你明白货代工作中的种种无奈，加深我们之间的了解。特别是与我们紧密联系的可爱的外贸朋友，看完此书应该能让你对我们货代有一个全新的认识，也可以更加了解我们在合作之中出现的很多问题。物流的不可控因素太多了，因此需要我们通力合作才能共同完成整个国际贸易的全程。

全书贯穿三句话：喜欢做货代、用心做货代、坚持做货代。货代工作仅仅是三百六十行中一个普通的行业，只要你喜欢，你就可以选择，然后坚持下去，总会找到适合自己的位置。烦恼枯燥的时候，想想成功的案例、快乐的合作以及我们可爱的外贸同人。每个行业都有辛酸和泪水，就看自己如何去面对。进入了，就有了不舍的情怀，不管成功还是失败，其实都是我们七彩人生中的一笔。没有风雨的人生是梦境，所以货代这个职业也不可避免地存在种种问题，就看如何去面对并解决这些问题了。得失之中都会有收获，请热爱货代这个职业，做个快乐的货代人。

感谢在本书写作过程中给予我帮助和支持的朋友，是他们的鼓励让我完成了本书的编写。限于时间和水平，本书难免有疏漏或不妥之处，敬请广大读者批评指正。

作者
2009 年 11 月

第二版序

　　转眼间《货代高手教你做货代——优秀货代笔记》这本书已经出版四年了，在读者朋友们的支持下，本书第一版销量尚佳。这四年中，国际贸易形势可谓风云变幻，身处货代行业的我零距离感受着。

　　本次修订初衷如下：

　　首先，第一版中所述内容偏向货代销售，而对货代实际跟单操作环节的方法和技巧讲述颇少，因此，想利用这次机会加以弥补；其次，面对残酷的行业生存现状，如何在竞争中保持自身的优势，不断发展，这也是我想与大家分享和探讨的；最后，也想给大家讲讲怎样从容应对和利用国家新政策，保持我们的业务量。

　　与第一版相比，本次修订主要是增加了第二部分货代环节的详细描述，对拖车、报关、港口杂费、目的港费用都单独进行了解析，这个也是这次修订的最大亮点，让读者能对货代实际操作中面对的各个环节有一个全面的认识。第二版适当纠正了第一版中有些偏销售的误区，更全面、细致地阐述了货代的企业核心理念。让想了解货代或者即将从事货代和正在从事货代的同行们，加上与货代相关行业的朋友们能更全面、更系统了解我们货代。

全书从货代的人员配置、货代工作中的各个环节来阐述什么是货代这个概念；继而从如何开发维护客户、货代与客户之间的一些微妙关系、货代这个行业的风险与防范方面与读者一起探讨如何做好货代；到最终突出货代这个行业的核心价值——服务。让已经从事或者即将从事货代这个行业的人们知道怎样做一个合格的货代人，为货代将来的新模式做一个见证者。

最后，我非常感谢行业内或者相关行业的读者对我的信任与支持，正是因为你们，才让我有机会在四年之后，弥补第一版留下的实务操作知识上的遗憾。同时，也要特别感谢我的妻子和家人给我的支持与鼓励。让我们一起从第二版中去感受货代这个普通职业的不平凡内涵吧！

作者

2013 年 8 月

目 录

货代的角色定位
和行业定位

HUODAI DE JUESE DINGWEI
HE HANGYE DINGWEI

货代人就是从事国际货物运输代理这一条物流链上工作的人群，根据岗位的不同，有操作、客服、单证、销售、跑单、财务、海外、领导等。其实从广义上讲，只要是独立出来帮助运送货物的整个环节上的人或者一个整体，都可以称为货代。小到一个独立的货车司机，大到拥有船只、飞机、火车的公司，其实都是货代。

第一章　大家眼中的货代

货代，字面理解就是货运代理。有货物就需要流通，有流通就需要运输，短途运输有车就行，但是长途运输，或者更远一点涉及国家（地区）与国家（地区）之间的运输，就不仅仅是需要运输工具这么简单了。这里讲的货代实际上就是指国家（地区）与国家（地区）之间货物运输的协调者，代理货物海运、空运进出口的服务。本书主要介绍提供国家（地区）间物流运输的国际货代人。

不一样的人群，不一样的角度，对货代的感觉也是不一样的。

外行人眼中的货代——高级白领

在外行人眼中，有些人认为货代是进出高档写字楼，敲击着键盘，电话中谈笑风生，没有风吹日晒，不需要大汗淋漓，不管烈日炎炎、晴空万里，还是狂风暴雨、雪花飘飘，都只会在吹着空调的房间里发着"牢骚"的一群现代白领。而有些人则认为货代同保险、银行卡推销员没什么两样，都是各种推销，让被推销的人万般无奈。

外贸人眼中的货代——鱼水之情

外贸人接到无数的货代业务员的推销电话，最后只能用"我们都是指定货代""这个都是由老板定的""我们不需要"……来回避这些无奈的推销电话。但是当遇到一些特殊问题，而身边的货代解决不了时，又会满世界地寻找自己需要的货代。

没有外贸业务怎么会产生国际货代呢？外贸和货代是一条产业链上相辅相成的两个部分，缺一不可。任何国家（地区）间的贸易往来，都需要货代来协调。

货代看货代——是兄弟也是对手

由于空运和海运的区别，拼箱与整箱的区别，进口和出口的区别，航线的区别，船公司的区别，始发港的区别，目的港的区别等，货代与货代之间，需要相互合作，一起完成货物的运输，这样的互助双赢是兄弟一样的情谊。

不过，商场如战场，面对工厂、贸易公司，甚至同样是货代的客人，大家依然会八仙过海、各显神通，去争取客人的最终归属权。此时，即使平时互相合作的货代，为了竞争同一个客户也会拼得头破血流，这时的货代就是为了各自生存的对手。

我看货代——国际搬运工

货代是一个服务性的行业，其宗旨是帮助国际贸易中的买卖双方制订最佳的货物运输方案，安全、及时地将客户的产品送达最终目的地。最简单的理解是，货代业务员就是穿着西装的国际搬运工，将客户的产品从中国的某地搬运到中国以外的某国某地，中间根据时间、成本、货量等不同因素的需要来帮助客户选择空运、海运、快递或者联运等最佳的运输方式。

走进货代

1. 你适合做货代吗

什么是适合？关键是你是否喜欢货代这个行业，是不是能把工作中的种种枯燥和无奈，转化成快乐工作的动力。如果你抱着学习的态度去工作，想着怎样从中体现自己的能力，货代还是一个不错的职业。它不仅能让你了解货运知识，而且能让你学会一些外贸知识，还能让你了解一些报关知识，更可以让你学会沟通的技巧，提升协调能力、逻辑思维能力，磨炼耐心，等等。不一定需要你有多么的专业，只需要你用心去体会这份工作，对它的前景充满信心，那么货代的大门会为你敞开。如果来了，请不要轻言放弃！

2. 货代心理

试想一下，一个对物流一无所知的人，进入了这个行业，从事货代业务员的工作，首先要面临的肯定是电话销售，但是做过的人都知道，这需要先过了自己的心理关。在对电话销售有抵触心理的情况下，加上公司指标的压力，慢慢就会对货代产生抵触，那么这样一个输给了自己的人，又怎么能做好货代呢？得到的也会是相反的结果。心里会认为做货代就是做一个令人讨厌的推销员，很苦、很累。其实霍兰德职业兴趣理论有很科学的解释。所以如果你喜欢做货代业务员，请一定要学会坚持、思考、创新，并且保持自己的工作热情，这样才能明白货代业务员的工作意义，得到货代业务员所应该得到的收获。

对于一线操作人员而言，有时会加班到深夜，有时会失去休息日，有时更会被枯燥的、看似重复的工作所牵绊，更有甚者，为了解释一些问题会和客户或者货代业务员争得面红耳赤。这一切都是为了顺利安排好货物的出运。当你成功地把一票货物操作出运的时候，应该感到很欣慰。"海上漂泊着的，空中飞着的"，那么多出口货物中有你的一份功劳。你不仅是作为一名货代业务员完成了一笔业务，更是帮助外贸人完成了国际贸易，为国家创造了一笔外汇收入。所以，你应该很乐观地面对自己的工作，为身为一名一线货代操作人员而感到骄傲，没有你们，货物就不能完成一次圆满的流程。

3. 立足长远

作为货代的管理层，不应该停留在只看利润的表面上，当团队融洽了，员工积极性提高了，那么所得到的潜在利润比眼前的短暂利润就要大得多。请摒弃贯性思维，把货代真正归结为服务行业吧，让中国的货代人能够更多地走向世界。

第二章 不同角色在货代中的定位

各个不同的角色在货代这个"大厦"中所起的作用各不相同，一票货物顺利从工厂运送到目的地离不开这些角色的共同努力。我们先从每个基础的角色来熟悉一下货代人。

司机——基层

司机在国际货运这个物流链上是必不可少的、最贴近货物的一线基层人员。考虑到公司运营成本的原因，司机这个职位大多数是独立于货代公司的，由另外专门做运输的物流公司所管理，即我们俗称的"车队"（车队的具体分类运作流程会在之后的章节中详细讲述，这里只讲述司机这个角色）。

任何货物出了工厂大门到港口，再从目的港口到目的地的工厂都是由司机来运输的，司机是物流链上第一个也是最后一个接触货物的人，更是最直观面对货物的人，也是最辛苦的人。不管风吹日晒、路程长短，司机都要在规定的时间内，把货物运送到规定的地点，这样才能保证物流环节的顺畅进行。

司机是整个物流链的第一环，司机给客人装货时的表现直接影响与客户之后长期的合作，特别对于新开发的第一次合作的客户，司机可能直接决定这个合作的成败。最基层的司机往往是物流链中最重要的成员之一。拥有一群沟通能力强、办事效率高的司机，将会提高公司在同行中的基础竞争力。

货代业务员——核心

货代业务员是公司利润的主要来源，是推广公司产品、树立公司形象的核心力量。90%以上的老板都是从销售做起的，货代公司更不例外，很多公司的老板都曾经是优秀的货代业务员。在这个行业里，做得好的货代业务员自立门户是很正常的事情。正应了一句话："不想当将军的士兵不是好士兵。"因此，也许当你读这本书时还只是一个普通的货代业务员，可能在未来的某个契机下你也许会成为老板。

除了部分看重公司国际固有品牌的客户，大部分的客户选择货代公司，其实都是选择货代业务员这个人。这也是每个合格的货代业务员所知道的销售法则：要想把自己的产品销售出去，请先把自己销售给客户。只有当目标客户信任了你的为人，才会相信你所推荐的产品和服务。这一思想，会在技巧相关章节里详细讲述。货代公司里除了部分客户是老板和其余一些岗位的员工兼职开发的，大部分的客户是由货代业务员辛苦开发出来的，是公司主要利润的源泉。没有了货代业务员的货源，其他人员的工作只能是等待，货代业务员在公司中的核心地位可想而知。

操作人员——最细致的内勤

操作人员是货代公司里工作最细致、最烦琐的人。其主要工作是将客户的资料整理核对准确，保证货物顺利、及时地出运。中间最重要的几个环节就是订舱、核对报关资料、安排车队和核对提单。他们的工作为货物的顺利出运提供了保障。

1. 订舱

订舱指操作人员根据客户需求，向实际承运人订取货物出运舱位，取得配舱回单。通俗地讲，就是在船或者飞机的舱位上取得自己货物的堆放空间。一般情况下取得了配舱回单，只要货物能准时送到码头、机场，报关、查验等步骤不出问题就能在约定的时间出运了。在旺季的特殊情况下，由于出口的货物比较多，实际承运人会根据自身的情况，落下一部分已经订舱并且完成报关的货物放在下个航次再进行承载，这就是所谓的甩柜。

2. 核对报关资料

收到客户的报关资料需要操作人员进行检查、核准，查看发票箱单上的数字是否和报关单一致，有时还需要操作人员帮忙填写报关单。资料有问题就需要及时与客户联系，协调更改，使报关资料清晰明了，这样才能保证货物的报关效率。海关的工作人员每天需要审核很多资料，不清晰的报关资料很容易被退单。

3. 安排车队

收到报关资料的同时也要保证货物及时进仓。一般都是货物进仓后，核对好测量数据和客户提供的数据才能报关。所以安排车队也是很重要的，与工厂协调好装货时间，但很多时候车队不能准时到达。这就需要操作人员根据车队的具体情况来调整好双方的时间。一般会按工厂预约时间提前 1~2 小时跟车队预约，这样就能保障车队不会误时太多。

4. 核对提单

核对提单环节关系到物权，所以至关重要。一般第一遍提单是根据客户委托书打印出来的，拿到手之后需要操作人员与客户的委托书加上报关时所提供的资料先行核对，把错误都改正过来，然后再发给客户核对；客户再次修改，回传过来重新制作提单；修改制作完成之后再次与客户核对，直到最后提单确认件上没有任何地方需要修改为止。这是个循环往复的过程，需要操作人员的细心与耐心，因为一旦出了正本提单再发现错误进行修改是会产生费用的。

当然操作人员的工作根据公司主要经营的种类分下来还远远不止这些，比如，成本确认、装箱计划、发送进仓通知等。所以操作人员就相当于公司的内勤，负责将环节疏通理顺。

客服——公司里的"潜力股"

客服这个职位在一些有了规模的公司才会有，一般的公司操作人员是兼做客服的。单独列出来讲是因为这个职位也是必不可少的。

操作是熟练、细致化的工作，而客服却是技巧化的工作，需要帮助货代业务员维护客户，深挖客户的潜力。客服的工作是了解已有的每一个客户的习惯、注意事项等，每次单证操作前将这些细节问题都提供给操作人员，避免与客户重复沟通同样的问题，否则会让客户觉得公司很不专业，并且在出现一些操作问题时能够很好地与客户进行解释沟通。当客服这关做得好的时候，客户对公司的信任度就会大大提升，慢慢也会将手上其余的货物转过来给公司操作。这就是客服人员的潜在价值，所以客服人员是公司的"潜力股"。

跑单司机——信息的第一手掌控者

跑单就是取送单证的一个环节。虽然现在有快递公司可以用来取代这部分工作，但是货代的单证一般都是比较重要的，只要有这个能力的公司都会有跑单司机。毕竟中间环节越少，也就越能保障单证的安全。

跑单工作主要面对两个环节的人员：一个是公司客户，另一个就是公司报关行。

跑单司机的主要工作是到客户那里取单，有时会直接面对客户，大部分是面对门卫或者前台。所以客户对跑单司机印象的好坏也会影响到对客户维护和与客户深入合作的机会。跑单司机的最大优势就是能够经常接触工厂的人员，不管是直接客户，还是前台或者门卫，都能从中了解到很多客户的即时信息，对货代业务员深度开发客户很有帮助。

跑单司机需要将资料拿回来给操作人员审核，然后再送到报关行。这个过程一般是所在城市是港口城市所必需的，有的报关行跟海关在同一栋大楼，而实际货代办公场所是不会在海关大楼里的。所以跑单司机需要把取回来的报关资料让公司操作人员整理好，再从公司办公场所及时送至报关行去申报。货代公司所在城市不是港口城市的，这部分资料基本是通过快递进行传递的。

跑单司机的工作一般是在公司外，只有闲的时候才会在公司，所以又被称为外勤人员。

报关员——纽带

报关员是联系货代公司与海关的纽带，报关员必须保证客户资料的准确、清晰，填制的单据无误。如果由于工作的疏忽，导致客户货物的报关产生问题，一般会承担连带责任。

报关是一项细致的工作，需要了解货物信息并对货物进行归类，选择正确的商品编码，以及不同的货物在报关中所需要的不同种类的手续；遇到一些特殊货物，还需要向海关人员解释；当货物报关发生一些申报问题时，还需要承担一定的责任。

海外——延伸

海外这个岗位，看起来是可有可无的，很多公司都不设这个岗位。但是真正从事这个行业的资深人士，都能理解这个岗位的重要性。相当一部分的货代老板就是通过海外起家的，或者是将海外业务作为公司的主营业务。海外这个岗位包含两层意思，一层是海外协调，另外一层是海外开发。这其中海外开发就是货代业务的主要延伸，意义重大。

海外协调，这一层需要的人员相对简单，只要语言能力稍微好点，能与国外进行邮件沟通，偶尔进行电话沟通即可。其主要工作是在一些大型货代公司，与国外的一些固定代理合作伙伴，或者公司固有客户进行一些业务上的沟通，每月对账，进行一些简单的国外询价的报核，交换国内外物流信息，类似于公司的翻译。

海外开发，这就上升到了业务层面，类似外贸业务员一样的工作，不同的是外贸业务员卖的是工厂的产品，而海外开发卖的是物流服务。海外开发主要面对的是国外的陌生货代同行和一些国际采购方的工厂，取得他们的信任，让他们选择我们的服务，作为他们货物运输的全程代理，从中赚取服务的费用——大部分货代所熟知的指定货代。这个也是很多小型公司赚取第一桶金的财富秘诀，毕竟国外市场的竞争没有国内市场的竞争激烈。

一个好的能够开发业务的海外，价值等同于销售，有时候甚至大于销售，也能成为一个公司的核心。当然销售和海外并不矛盾，可以互通。好的销售一样能开发海外业务，拥有这样的销售就更是企业之幸了。

管理层——企业的灵魂

管理层是一个货代公司能够正常运营的主控系统，需要协调公司各个部门的正常运转，还要为货代业务员取得相应的优势平台去开发市场，并且不管在哪个环节出了问题，都需要管理层的人员及时协商、解决。

管理层还需要引导好公司的企业文化，让公司拥有足够的凝聚力，让每个岗位的员工都能在自己的岗位上发挥出自己最大的潜能，为公司的发展壮大贡献自己的力量。

管理层的工作小到公司使用的一支笔、一张纸，大到公司的年度报表、盈利指标等。管理层是货代公司的导航员。好的管理者，能让货代公司的运转有条不紊，能够及时地解决各环节出现的问题，保证公司的总体运营方向。

当然这些人员在一家公司都配备齐全，再加上每家公司都需要的财务，那么这家公司就算得上是一家大规模的货代公司，在国内有这样实力的公司应该是屈指可数的。所以大部分货代都是各自环节拆分下来的一部分，他们的组成就是几个操作和几个销售，请个财务，再加个老板。车队、报关行、订舱都是委托别的专门做这一环节的货代去操作的。在后面货代实务操作部分还会将一个个环节拆分进行细致、详尽的描述。

第三章　货代公司的划分

　　货代公司按照承运方式或者性质等可以有很多种划分的方式，这里按照外贸人的关注点将货代分为一级代理和二级代理。能直接向承运公司订舱，有一定的海外代理的这类已成规模的公司，就是外贸人所说的一级代理。相对一级代理，很多公司规模不大，人员有限，一般是通过那些能够直接订舱的代理再进行订舱的代理，就是二级代理。下面分别进行讲述。

一级代理

　　能够直接向实际承运人订舱的代理，都可以称为一级代理。一级代理按照承运方式的不同，一般可分为海运一级代理、拼箱一级代理和空运一级代理。

1. 海运一级代理

　　海运一级代理指船公司一级代理。货代可以直接向船公司订舱，中间没有其余的环节。打个比方，零售行业中工厂生产的货物一般是转交至经销商的手里，由经销商再转交给零售商或者直接客户。一级货运代理就是零售行业的经销商，他们负责直接跟船公司打交道，把船公司的舱位卖给下一级的客户。

相对来说，一级代理的客户群主要针对的是同行，即一级货运代理一般会把他们和船公司约定的价格，加上适当的利润，转交至下一级的货代，由他们直接卖给实际发货人。一个货代只要保证自己的量和适当的利润就足够了。所以说一般一级货运代理是以做箱量〔通俗理解就是帮船公司卖出多少个舱位：一般计量是以 GP 为一个单位，40GP（GP：General Purpose Container 普通标准箱）的就是以 2×20GP 换算〕为主的。

按照行业约定，一级货代和船公司会有一个协议，即 1 年达到多少箱量，船公司会在约定价格的基础上，返还部分佣金（也就是俗称的箱扣，达到预期的箱量，每个集装箱返还一定的金额）作为奖励，做得越多奖励就越多。一级货代的利润主要来源于自己卖价里面的部分差价和最终船公司的返还佣金。

就像零售商品一样，有时厂家会进行一些直销。货代也一样，在淡季的时候船公司的销售人员会到市场上来拉货，目的是保证自己航线上的箱量。只是他们接洽的一般都是柜量比较稳定且批量大的工厂客户。既然船公司都能出来自己销售，那么一级代理当然也不会放弃直接客户这份市场。因此，一级代理一般都会成立一个专门做"直客"（直接发货人）的销售部门，去开发这块市场。

一级代理一般都会有一些固定的海外代理，他们互相协作，共同完成运输。在国内代理可以指定由合作的一级代理进行货物的承运，而在国外，一级代理则可以委托合作的国外代理进行货物的承运，这就是一种相互合作双赢的模式，并且一级代理还可以开发国外客户（国外的直接收货人）。当成交条款是 FOB 的时候，一级代理做国外收货人的指定货代，他们的服务范围就可以扩展到更大的范畴。

相关链接 ←- -

国内有很多一级货代都是国外知名物流企业在中国的分支机构，以此来实现全球物流网络的一体化，这也是物流企业的最终目标——与国际接轨。

- -

2. 空运一级代理

空运一级代理就是指能够在航空公司直接订舱的那部分代理。与海运一级代理一样，空运一级代理会通过各种方式和航空公司达成协议，可以是包一块砧板（与托盘的性质差不多）将自己接到的货物都捆绑在上面，约定一个价格；也可以是直接帮助航空公司按照约定价格卖货物舱位；再或者是租用航空公司固定的舱位（一般多用快件），然后用自己算下来的价格再去卖给下一级代理或者直接客户，这些工作和海运一级代理差不多。差别就在于运输工具不一样所带来的计量单位不一样，时效性不一样，承载量不一样等。

空运一级代理要有足够的抗风险能力，特别对于包板的代理，不管淡季还是旺季，要保证自己包的这块砧板能够满负荷运营，因为不管空运满不满，航空公司收的钱是不会变的，所以货多的时候才是盈利的时候。空运一级代理要保证自己的收货量，单靠自己去开发工厂的货是不够的，而且操作起来也耗费人力、物力，所以机场的一级代理都是去开发专门做空运的二级货代，让他们去找工厂、找货源，这样分散下去才能在淡季的时候保证自己有足够的货源。空运一级代理一般是不接直接工厂或者外贸公司的货物的，因为他们没有额外的人力、物力去维护。空运一级代理讲求的是效率①。

以上所说的这些一级代理并不是单一的，可以是组合的。全球货代一般

---

① 真正的空运一级代理，连去机场以外收集二级货代的空运货物的精力都没有。通常空运一级代理都是找机场周边专门做空运的二级货代收货，让这些二级货代再去机场以外的区域收集货物。所以我们平时找的机场周边的一级货代，基本上都是机场的二级代理。

是海运、空运、拼箱兼做，组合在一起发展。因为即使是同一家客户也会有不一样的需求。只是一般船公司很多，航空公司也很多，海外代理更多，所以不可能一家公司占尽所有的优势。根据不一样的航线，不一样的主次，会有自己的一些优势线路而已。

一级拼箱代理（自拼公司）

海运上还需要提及的就是拼箱，不是每家客户出货时都能凑满一个整箱的。有时货量只有几个立方米，货值不大，用空运成本很高，那么客户就会选择与其他客户一起拼一个箱子运到同一个目的港，这就是所谓的拼箱。而直接发货人手上的资源有限，这个收集同一个港口的货物集中出运的任务就落到了货代的身上，也就诞生了拼箱公司——将不一样的客户发往同一个目的地的不同货物，整合到一个集装箱里集中运输，以此来节约发货人的运输成本。

一级拼箱公司所具备的条件：合作流畅的海外代理、广泛的代理网络或者专一线路的专业网络、懂得装箱的操作人员以及其他条件。

1. 合作流畅的海外代理

合作流畅的海外代理是首要的也是必备的条件。一般一个集装箱只能对应一个收货人，但是拼箱对应的是 $1 + N$（$N > 0$）个收货人，所以拼箱公司需要在国外有固定的海外代理作为收货人，能够在目的港拆箱分拨货物，然后通知每一个收货人。这就是为什么真正的一级拼箱公司必须有自己的海外代理，也是客户拿到的拼箱提单一般都是货代提单（House Bill of lading，简称"HBL"）的原因。通过这些提单，代理决定最终指定货物的归属权。

2. 广泛的代理网络或者专一线路的专业网络

一家一级拼箱代理公司一般会以一条或者几条航线为主，其他航线为辅，各个港口都会有自己相应的海外代理。因为客户的需求是多样的，即使在一个国家，可能所去的港口也是不一样的。不一样的港口就需要不一样的代理。只是一般来说各家拼箱公司的代理范围是不一样的，根据各自的优势，中间会互相交换一些货物，来弥补自身的不足。当然有些拼箱公司会只开发一个国家，或者一条线路来做专一的服务，做到在这条专一的线路上有明显的优势能够强过其他代理。这就是一种做专业的服务理念，只选择固定的目标客户群。其他一级代理可能在这些地方也有代理，但是与其相比各方面都处于劣势。其中最明显的就是日本线，虽然不是一个港口，但是专业到了一个国家（现在日本线的专业代理越来越多，竞争也就相应越发激烈）。尽管大多数的拼箱公司在日本都有自己的代理，但是相比那些专业做日本线的拼箱公司，在很多方面还是处于劣势地位。最明显体现在价格和清关时效上。选择专一港口的一般都是当地港口的代理，他们具有特殊的地理优势，或者直接是在当地比较知名的代理设在国内的子公司。

3. 懂得装箱的操作人员

多家货物如何最合理地装到一个集装箱里面，这是一门学问。通常可以根据经验、简单的计算来估算出一个工厂同类的产品大概的装箱量。但是形形色色的产品，不一样的包装、不一样的形状，需要怎样整合在一个集装箱里面，而且每次都是不一样的，只有拥有专业的知识、很强的立体思维模式，以及多年现场实地操作经验的专业人士才能做到。拼箱公司如果没有这样的人才去合理地规划装箱，会大大增加拼箱成本，降低自己的利润空间，所以装箱技术人员也是拼箱公司必不可少的。

4. 其他条件

当然除了以上所述的必备条件以外，线路的选择、代理的沟通、运价的确定等都需要相应的人员来完成，拼箱公司人员的构成在岗位上是相对比较复杂的。

最后讲一下拼箱公司的利润主要来源。海运费用拼箱公司是肯定要付给船公司的，但是很多时候算下来货代公司所收的客户费用总和还不够付海运费，那么拼箱公司的利润从何而来呢？拼箱用的是货代提单，到了目的港后要换成代理手中的实际提货单才能提到自己的货物，中间就有换单费；拼箱到了目的港后会先进仓库，然后由目的港代理进行拆箱分拨货物，会产生拆箱费用；还会产生一些码头费用、港区费用等。这些费用一部分交给目的港港口，剩下的就是利润，然后由代理和国内的拼箱公司进行利润划分。

二级代理

二级代理就是拿着其他公司的运价卖给工厂或者外贸公司的货代，他们的主要市场是"直客"，就是工厂和外贸公司直接的发货人。偶尔在一些特殊航线也能做别人的一级代理。二级代理的优势就是能够帮助"直客"找寻最合适的运输方式和承运工具，因为他们需要了解大部分船公司、航空公司的优势航线和优势价格，以及航行时间、目的港的装卸能力等，还要了解各个一级代理的优势线路，并将其整合。

二级代理和一级代理并无本质上的区别，很多一级代理也是从二级代理慢慢做起来的。按照行业发展的步骤，只要等客户积累到一定的数量，就需要自己去开发一些必要的平台，以满足客户的需求。当货量提升，就可以去和船公司、航空公司谈合作的事宜。只要能和几家实际承运方达成合作，二级代理就自然而然升级为一级代理了。要做得更强大，就要把市场拓展到海外，找到国外的同行或直接采购商，这样货代就慢慢发展成全球化的代理。归根结底，货代就是在相互合作中慢慢成长的，最后的目标就是尽量缩减中间商，中间环节越少成本越低，这也是一级代理和二级代理的一个区别。二级代理只是暂时在利用别人的平台做自己的客户，了解市场，整合适合自己的优势线路，提供多方位的服务。

指定货代是指以国外货代或者工厂采购方为客户，为他们操作国内出货港口到收货人所在目的港的物流服务，将其作为自己的主要业务的货代。指定货代主要为 FOB 条款成交的贸易货运提供货代服务，以 FOB 条款成交的贸易方式指离开装运港以后的费用都由采购方承担的一种贸易方式。指定货代的利润来源主要是国外的委托方。然而近些年随着货代市场价格竞争的白热化，国际段运输的利润率下降，很多指定货代的利润大头转变到国内的发货方，因为指定货代控制着物权，所以部分费用比一般货代高。

由于大部分指定货代是为国外的货代或者为采购方提供服务的，并不是靠卖仓位来赚取利润，利润点主要是服务，所以规模基本都不会很大。而他们的订舱口子，基本上都是自己按照航线、价格选择的其他货代，所以指定货代大部分是二级货代。当然，不排除一些跨国的大型货代公司，有一些自己的优势航线，并且国外有分公司甚至总部都是在国外的，他们就属于一级货代。

二级代理相对于一级代理，价格上会稍微有些欠缺，但是在服务和多样化选择上要优于一级代理。因为二者针对的本质客户群是不一样的，而且货代这个行业所赚取的利润是服务费用，并不是所谓的差价。客户只有根据自己的需求，选择最适合自己的货代，这样才能最终得到各自所需要的。

第二部分
DI-ER BUFEN

货代实务操作

HUODAI SHIWU CAOZUO

货代所要从事的工作就是从出口国（地区）的工厂将货物运送到购买方所在国家（地区）的工厂、仓库的运输过程。在这部分内容中笔者将配合图表，讲解货代的基础知识，并将每个环节拆分开来讲述。

第四章 货代的基础知识体系

货运流程图（解释订舱、报关等）

货物运输过程的流程图见4-1。

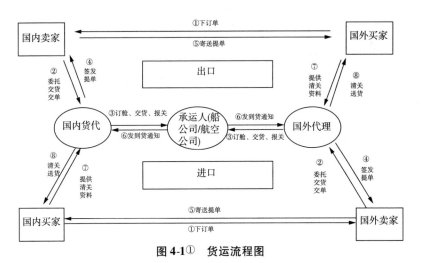

图 4-1① **货运流程图**

---

① 2013 年 6 月，海关开始实行无纸化通关新规，取消了核销单，其余资料可以通过转换成海关固定格式，电子化扫描给海关就能完成无纸化报关。需要注意的是，目前除了不需要核销单以外，其余资料还是会让发货人提供给报关行，由报关行进行后续的一些无纸化操作，避免操作上的差错影响货物的出口。

出口货物流程解析如下：

（1）国外收货人接受外贸报价，下订单给国内发货人。

（2）国内发货人生产货物，等货物生产完成后委托货代订舱，同时提供货物出口报关单据（包括箱单、发票、合同、核销单、报关单、报关委托书等）。

报关流程：提供出口报关所需资料［报关单、申报要素、发票、箱单、报关委托书、配舱信息（其他涉及证件的需提供相应证件），提供电子文件的要确保文件清晰准确相互无明显差错，特殊贸易方式需提供全套正本资料报关］→接单初审→预录→校验→按海关要求制作 PDF 文档上传→发送电子数据→接受回执（经营单位信息，船公司舱单信息是否正常一般会在这个过程中发现，所以需经营单位、货代提前查询舱单信息）→两种情况：一是正常放行，出口报关结束；二是转有纸化报关（出口企业提供全套盖章资料），海关查询未放行的原因，确定退单的原因并根据原因作出相应的修改重新申报（报关单更改需提供经营单位情况说明加盖企业公章，重新申报的货物基本 80% 以上查验），最终无误方可放行出口。

（3）货代业务员向船公司、航空公司订舱，拿到配舱回单，安排客户货物装柜进港或者送进指定仓库。货物进港或者进入指定仓库后（有些海运港口可能需要预先报关再进港），货代业务员安排报关（向海关申报），报关完毕（有些货物海关会实地检查，也就是所谓的查验，查验货物没有问题就可以正常出运）后货物就可以交给实际承运人。

（4）实际承运人向货代签发提单（提货的凭证），货代业务员再将提单转交给发货人。

（5）发货人将提单传真或者寄送给国外的收货人。

（6）承运人在货物到达目的港后向目的港的代理发到货通知。

（7）目的港代理告知收货人，收货人提供清关资料（正本提单、发票、箱单、合同、报关委托书、报关单等）给目的港代理。

（8）目的港代理向海关申报货物进口，经过报关、报检、查验等环节后，确定货物符合进口的标准，海关放行货物。代理去指定地点提货送至收货人手中。

需要注意几个主要条款下的出口货代的选择。

（1）FOB 条款下的出口，货代都是收货人指定的，发货人可以选择自己的清关代理和拖车公司。

（2）CIF 条款下的出口，起运港的货代可以由发货人自己选择，负责订舱承运保险等直到目的港。目的港代理收货人可以自由选择，发货人只需要把提单和相应的资料递交给收货人即可。

（3）DDU/DDP 条款下的出口，发货人一直将货物送至收货人工厂，货代都是由发货人这一方全权指定，这一条款下就需要委托的货代在目的港有自己合作的代理或者分支机构。

进口的流程是出口的反向操作，在这里就不详细讲述了。

海运出口货物委托书的填制

讲了进出口流程，这里再讲述一下发货人和货代业务员之间的委托协议——海运出口货物委托书（以下简称"出口委托书"）。接到出口委托书时，就是托运的正式开始。所以出口委托书大致包含的内容在这里要明确一下：发货人、收货人、通知人、起运港、目的港、货物的件数、重量、体积、装运的时间、运价确认等（具体格式见图4-2）。填制出口委托书需要注意以下几点：

（1）提单确认件是根据出口委托书来制作的，为了减少不必要的麻烦，一定要在出口委托书上认真填写发货人、收货人、货物的详细信息。

（2）空运出口委托书特别要注意货物的体积、重量，不能与实际相差太大。空运的计价完全是根据重量、体积来定的，偏差太大可能影响实际的成本。

（3）运价以及杂费一定要在出口委托书上明确，这也是最终费用确认的一项依据。

（4）海运整箱货物要注明是做内装（送货至货代码头仓库装货）还是厂装（提集装箱去工厂装货），厂装要注明货物备齐的日期，以便货代业务员能够根据船期和开港时间来安排装货时间。

DATE：2007/10/25 运编号：×××

装船人	×××TEXTILE CO，LTD. ADD：DAXIN TOWN, ZHANGJIAGANG CITY JIANGSU, PR CHINA				
收货人	FABRICA DE CALCETINES CRYSTAL S. A. CARRERA 48 NO. 60 SUR－81 AVENIDA LAS VEGAS SABANETA－MEDELLIN COLOMBIA				
通知人	FABRICA DE CALCETINES CRYSTAL S. A. CARRERA 48 NO. 60 SUR－81 AVENIDA LAS VEGAS SABANETA－MEDELLIN-COLOMBIA	FROM： SHANGHAI, CHINA		TO： BUENAV-ENTU-RA, COLOM-BIA	
运费	预付 FREIGHT PREPAID	到付	装运日期： 2007/11/8		价格条款： C&F
Marks &Nos.	Qty&descriptions	Package CTNS	N. W. KGS	G. W. KGS	Meas CU. M.
N/M	FANCY YARN（H. S CODE： 5606. 0000）ORDER NO. 4500003230	250		6000	28
体积：28CU. M.					
附记： 预配11/11 EMC船。装箱时间：11/8 早上 8:00, 1×20'FCL，到时具体再确认。 装箱地点： 联系人：××× 电话：					
联系人：	手机：		传真：		
地址：					
海运费：USD2 000 报关 RMB100，定舱 RMB200，安保 RMB20，THC：RMB370 拖车：RMB1 350					

图 4-2　海运出口货物委托书样式

出口报关单证模板及其注意点

出口报关基本资料包含：箱单、发票（见图 4-3）、出口合同（见图 4-5）、报关委托书、报关单、核销单、木质包装需要熏蒸/消毒证书（见图 4-6）、商检货物需要提供商检换证凭条（见图 4-4）等。

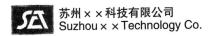

苏州××科技有限公司
Suzhou ×× Technology Co.

INVOICE

江苏省苏州×××××××
Tel: E-mail:
Building# ×,Technology Industrial Pank No.× × × Kangyuan Road,
Xiangcheng District Suzhou,JiangsuProvince PROC

Invoice No MGFC0906××   Date:2009/06/24
Invoice of ×× 股份有限公司(Chu I Co.,Ltd.)   Marks& Nos.
　工厂:×××××   MOEN
　公司:×××××   GUANGZHOU
_____   (IN REC.)
_____   GUANGZHOU
_____   C/NO.
_____   MADE IN CHINA
Shipper:苏州××科技有限公司(Suzhou ×× Technology Co.)
Shipper per S.S._____   From: **Shanghai**
Sailing on or about:_____   To: **HONG KONG**
Import License No._____   L/C No._____

Description of Goods	Quantity	Unit price(US$)	Amount(US$)
		C&F HONG KONG	
1 排杆/620H (3)	2 560 PCS	0860	2 201.60
Total	2 560 PCS		2 201.60

图 4-3　发票样式

转单号	××××××××		报检号	××××××××
报检单位	宁波××贸易有限公司			
品　名	棉制针织儿童套头衫			
合同号	××××－××××		HS 编码	××××××××
数(重)量	11 000 条	包装件数	900 纸箱	金额	27 500 美元

评定意见:
　　贵单位报检的该批货物,经我局检验检疫,已合格。请执此单到××局本部办理出境验证业务。本单有效期截止于××××年×月×日。
　　　　　　　　　　　　　××局本部××××年×月×日

图 4-4　商检换证凭条样式

合同号:XCGH-07×××ד
日期:20××-××-××

合同签订人:

甲方:

乙方:

双方同意按下列条款由甲方卖给乙方下列产品:

1.商品名称与编码	2.规格	3.材质结构	4.数量	5.单价USD	6.金额USD
7607200000 PE气珠贴铝片/heat insulation material(D2)	1.23m×40m/卷	铝箔/透明塑料气泡+透明塑料气泡/铝箔（气泡高度2.5mm）	225卷	73.788/卷	16 602.300
7607200000 PE气珠贴铝片/heat insulation material(E)	1.23m×40m/卷	铝箔/奶白气泡/铝箔涂蓝（气泡高度7mm）	157卷	68.500/卷	10 754.500
7607200000 PE气珠贴铝片/heat insulation material(Es)	1.23m×40m/卷	铝箔/奶白气泡/铝箔（气泡高度7mm）	158卷	63.686/卷	10 062.390
39199090 镀铝胶带(塑料)/Aluminized Self-Adnesive Tape	63mm×50m/卷	防护膜/镀铝膜/胶水	750卷	1.47/卷	1 102.500
39199090 镀铝胶带(塑料)/Aluminized Self-Adhesive Tape	100mm×50m/卷	防护膜/镀铝膜/胶水	550卷	2.33/卷	1 281.500
			总金额 USD		39 803.190

7.价格条款: CFR 木拉

8.包装方式: PO袋包装，无纸芯

9.付款方式: T/T(款到放单）

10.起运港：上海

11.目的港：木拉港，文莱

乙方签章：   甲方签章：

图 4-5　出口合同样式

中华人民共和国出入境检验检疫
ENTRY–EXIT INSPECTION AND QUARANTINE
OF THE PEOPLE'S REPUBLIC OF CHINA

正 本
ORIGINAL

熏蒸 / 消毒证书   编号No:310412083023840
FUMIGATION/DISINFECTION CERTIFICATE

发货人名称及地址
Name and Address of Consignor _____

收货人名称及地址
Name and Address of Consignee _____

品名	产地
Description of Goods _____	Place of Origin
报检数量	标记及号码
Quantity Declared _____	Mark & No.
起运地	N/M
Place of Despatch _____	
到达口岸	
Port of Destination _____	
运输工具	
Means of Conveyance _____	

熏蒸/消毒处理
FUMIGATION/DISINFECTION TREATMENT

日期   药剂及浓度
Date TUL 10, 2009 _____   Chemical and Concentration METHYL BROMIDE.48g/m³ _____

处理方法   处理时间及温度
Treatment FUMIGATION _____   Duration and Temperature 24HRS/"31"℃ _____

附加声明   ADDITIONAL DECLARATION
CONTAINER NO. ATSU8 566706
SEAL NUMBER I545287
****

签证地点 Place of Issue _____   签证日期 Date of Issue _____

授权签字人 Authorized Officer _____   签 名 Signature _____

中华人民共和国出入境检验检疫机关及其官员或代表不承担签发本证书的任何财经责任。No financial liability with respect to this certificate shall attach to the entry exit inspection and quarantine
authorities of the P.R. of China or to any of its officers or representatives.

[c7-1(2002.1.1)]

B 3236831   图4-6 熏蒸/消毒证书样式

填制时的注意事项有以下几点：

（1）报关单的填制，一定要做到单证一致，与发票、箱单的内容必须一致。

（2）熟练运用 H. S CODE（商品编码），归类时不能仅仅站在发货方立场考虑，还需要考虑到海关的立场。

（3）帮助发货人填制报关单时，运费、保费需要及时与发货人确认，不能擅自填写，因为此项可能涉及企业账务问题。

（4）木质包装货物，不仅需要熏蒸证明，木质包装上还必须盖有国际通用的 IPPC 标志。

（5）核销单在报关前一定要确认已经在海关电子口岸备案，否则会影响报关。

电子口岸：海关与进出口企业间的一个网络连接平台。一些货物的进出口提前在平台上录入后，海关系统会进行备案。

海运——有关集装箱的实用知识

海运就是通过海洋集装箱运输的一种运输方式。相比较而言，海运是最经济的一种运输方式，针对大批量货物的运输，以及对时间要求不是很严格的货物可以采用这种运输方式，也是目前国际运输里最普遍的一种运输方式。所以外贸术语中的一些规范其实都是根据海运的船舷来划分的。比如FOB 条款，卖方货物越过船舷以后责任就落到买方手里，卖方就不需要再承担任何风险。

说到海运就离不开有关集装箱的知识，下面简单介绍一下最基本也是最常用的知识，即集装箱的划分：20GP、40GP、40HQ。

20GP：内容积为 5.69 米 ×2.13 米 ×2.18 米，配货毛重一般为17.5 吨，体积为 24 ~ 26 立方米。

40GP：内容积为 11.8 米 ×2.13 米 ×2.18 米，配货毛重一般为 22 吨，

体积为 54 立方米

40HQ：内容积为 11.8 米 ×2.13 米 ×2.72 米，配货毛重一般为 22 吨，体积为 68 立方米。

海运计量单位一般都是按照 TEU（Twenty-foot Equivalent Unit，是以长度为 20 英尺的集装箱为国际计量单位，也称国际标准箱单位）来计量，1TEU =1 ×20GP；40GP/HQ =2 ×20GP =2TEU。

20GP 就是指 20 英尺（集装箱的计量都是按照英尺，上面是把英尺换算成了米）的普通标准箱，一般用于装载体积小、重量大的货物，或者一次出运比较少，只能装一个 20GP 柜子的货物（小箱最重应该可以装到 27 吨左右，当然船公司会收取相应的超重费）；40GP 就是指容积为两个 20GP 的标准箱，装的货量要比 20GP 多，但是相对来说是装载体积大、重量小的货物；40HQ 是高箱的意思，就是高度上比 40GP 标准箱要高出一些，更方便客户装体积大、重量小（体积重量比悬殊）的货物。

小贴士

小箱和大箱的承重力其实是一样的，千万不要认为大箱就能比小箱装得重。大箱加上本身的重量，实际承载的货重相对于小箱来说还应该小一点。吊机是一样的，承重能力也是相等的，所以对于钢铁制的重型货物，都是用小箱进行装载的。

当然真正的集装箱划分还有 45GP、冷冻箱、开顶箱、框架箱等多种箱型，专业的介绍自然会有专业的书籍进行专门讲解，这里就不多做解释。

海运费用的构成分为两个主要部分：承运费用和附加费用。

承运费用是指海运过程中的运费，这个费用会因不同的船公司、不一样的航线而不同。通常都是各家船公司根据自身情况自己制订的。

附加费用是运输过程中产生的一些消耗费用，其中最基本的就是 BAF（燃油附加费 Bunker Surcharge or Bunker Adjustment Factor）和 CAF（货币贬值附加费 Devaluation Surcharge or Currency Adjustment Factor）两种。这类费用是由国际航运协会根据国际惯例制订出来的，按照航线或者季节的变化、国际市场相关产品的价格变化，来统一进行制定和更改。当然附加费用还包含很多费用，如绕航附加费（Deviation Surcharge）、苏伊士运河附加费（Suez Canal Surcharge）、转船附加费（Transhipment Surcharge）、直航附加费（Direct Additional）、港口附加费（Port Surcharge）、港口拥挤附加费（Port Congestion Surcharge）、超重附加费（Heavy-Lift Additional）等。

将上述承运费用与附加费用加起来就是海运费的构成总和。海运费计费单位为美元（USD）。

海洋运输分为进口和出口两种形式，下面进行详细讲述。

1. 进口（整箱、拼箱）（清关、转关）

海运进口，是指国外厂家将货物卖给中国的买家，货物由国外运输进中国工厂的一种运输方式。按照货物的多少可以分为整箱进口和拼箱进口（进口这部分暂时只讲到达目的港后的操作，到港之前的操作是出口的反向流程）。按照报关所在地的不同又可以分为清关和转关。清关是指在口岸海关报关完毕直接送货进买家工厂或其他指定地点；转关是指货物由口岸海关转移至买家的所在地或者买家指定清关地进行报关，报关放行送货的一种报关方式。

（1）海运进口整箱清关

①集装箱到达目的港后靠泊上码头，在港区将集装箱从船上卸下，堆放在港区的集装箱堆场（一般集装箱只能在港区堆场免费堆放 7 天，超期后会

有专门的疏港公司将集装箱疏散到其他堆场，并产生疏港费；相应的船公司也会对集装箱使用定一个期限，超期将产生费用）。

②船代签发港区提货单，确认舱单信息给口岸海关和港区。

③收货人按照海运提单规定换取港区提货单。港区提货单通常有 5 个盖章的地方，分别是货主章、海关放行章、检验检疫章、理货章、放箱章。

④口岸报关行接受收货人委托，向口岸海关和检验检疫机构办理通关手续。办完通关手续，港区提货单上盖有海关和检验检疫机构的放行章后，交给集装箱运输车队。

⑤集装箱运输车队凭此向船公司申请放箱，盖放箱章，领取集装箱设备交接单。还需到理货公司盖理货章，再到港区排提箱计划。等到了提货时间，集装箱运输车队派出集装箱车辆到港区装箱，经过运输送给收货人（一般集装箱运输条款规定货运公司只对集装箱和商业封志负责，不对集装箱里所装货物负责，并且不负责开箱卸货）。

（2）海运进口整箱转关

①集装箱到达目的港后靠泊上码头，在港区将集装箱从船上卸下，堆放在港区的集装箱堆场。

②船代签发港区提货单，确认舱单信息给口岸海关和港区。

③收货人按照海运提单规定换取港区提货单。港区提货单通常有 5 个盖章的地方，分别是货主章、海关放行章、检验检疫章、理货章、放箱章。

④口岸报关行向口岸海关和检验检疫机构办理转关手续。取得转关申报单，在港区提货单上盖有海关和检验检疫机构的放行章后，连同关封（装有转关手续的盖有海关封章的信封）白卡（是受海关监管集卡车记录海关封志信息的本子）交给集装箱运输车队。

⑤集装箱运输车队凭此向船公司申请放箱，盖放箱章，领取集装箱设备交接单，还要到理货公司盖理货章，再到港区排提箱计划。等到了提货时间，车队派出与白卡车号一致的监管集装箱车辆到港区提取集装箱，凭关封

白卡再施加海关封志，通过监管运输送至内陆通关点。

⑥内陆通关点海关监管仓库凭白卡核对海关封志后拆封。

⑦内陆报关行接受收货人委托向内陆海关和检验检疫机构办理通关手续。

⑧海关放行后，运输车队凭盖有内陆海关和检验检疫机构放行章的正本提货单离开内陆通关点，通过运输将货物送给收货人。

（3）海运进口拼箱清关

①集装箱船到港口后靠泊上码头，在港区将集装箱从船上卸下，堆放在港区的集装箱堆场上，目的港代理负责向口岸海关进行分拨货申报，然后将集装箱提出后到海关监管仓库拆箱分拨。

②船代签发港区提货单，确认船公司提单的舱单信息给口岸海关。

③目的港代理负责签发分拨货提货单，确认分单的舱单信息。

④收货人按照海运提单规定换取分拨货提货单。

⑤报关行向口岸海关和检验检疫机构办理通关手续，在分拨货提货单上盖有海关和检验检疫机构的放行章。

⑥运输车队凭此单到海关监管仓库提货，经过运输送给收货人。

（4）海运进口拼箱转关

①集装箱船到港口后靠泊上码头，在港区将集装箱从船上卸下，堆放在港区的集装箱堆场上，目的港代理负责向口岸海关进行分拨货申报，然后将集装箱提出后到海关监管仓库拆箱分拨。

②船代签发港区提货单，确认船公司提单的舱单信息给口岸海关。

③目的港代理负责签发分拨货提货单，确认分单的舱单信息。

④收货人按照海运提单规定换取分拨货提货单。

⑤口岸报关行向口岸海关和检验检疫机构办理转关手续，取得转关申报单，然后安排海关查验加封。监管车辆到达监管仓库后装货，由海关查验并施加海关封志，通过运输将货物送抵内陆通关点。

⑥内陆通关点检查海关封志后拆封，将货物卸入监管仓库。

⑦内陆报关行接受收货人委托向内陆海关和检验检疫机构办理通关手续。

⑧海关放行后，运输车队凭盖有海关、检验检疫机构放行章的正本提货单到内陆通关点的海关监管仓库提货，通过运输送给收货人。

2. 出口（整箱、拼箱）

（1）海运整箱出口

①起运港代理接到发货人的出货委托书，并将报关资料寄送给口岸报关行。

②向船公司订舱，取得配舱回单。

③查询开港日期和发货人协调安排货物的装柜日期。将配舱回单和装货日期发给集装箱运输车队。

④按照约定日期集装箱运输车队先到起运港港区提取相关的集装箱，然后去发货人工厂装货，装完货物后发货人将集装箱铅封封上，集装箱车队将集装箱运回港区。

⑤口岸报关行向口岸海关申报货物出口，口岸海关根据货物的情况有时需要查验货物通过后再放行，有时直接放行。

⑥货物放行后，船公司会在起航前将货物装载上船。

（2）海运拼箱出口

①起运港代理接到发货人的出货委托书后，将进仓地图和寄单地址发给发货人。

②发货人按照进仓地址在规定时间之前送至代理指定仓库，并将报关资料及时寄送至起运港代理手中。

③起运港代理在发货人货物到达之后，在仓库进行装箱（与其他不同发货人的但是去同一个目的港的货物拼装），装箱完毕由集装箱车队

运送至港区。

④口岸报关行将整个集装箱内的报关资料进行整理，给海关集中报关。

⑤报关完毕后，可能中间单票货物需要进行查验（因为是拼箱，查验的过程可能需要拆开集装箱把被查货物找出来，所以涉及掏箱的过程），查验完毕后，再次对箱子进行加封，交给港区。

⑥船公司会在起航前将整个集装箱吊装上船，经过运输，送至目的港。

小常识

海运散杂货出口

海运出口货物当中还有一部分货物是不能用集装箱运输的，比如批量很多的矿物，或者很多大型的货物，如车辆、锅炉、工程设备等，这类货物只能用专门的船去承运，运送这类货物的船就是散杂货船。

散杂货一般分为大宗散货和件杂货两种类型。大宗散货主要是指一些可以裸装在船上或者用简单的包装袋包装，每次的货量基本就是这条船的容量的货物，如煤炭、矿石、肥料、水泥等。这类货物基本一批就决定了船的最终所靠目的港，也是船东的基本收入来源。另外一类是件杂货物，每次出货不会很多，主要是大型工程设备、锅炉、一些重型卡车等，一次出十几台，总共几百方、上千方。这类货物的特点是单件货物都比较大，重量也比较重，如果没有动力，都需要吊机吊上船（件杂货里面有一类货物，有动力可以自己开上船的，运输的时候可以用专门的滚装船来装运，比如汽车、工程车等）。

小常识

散杂货的运输条款介绍：

（1）FLT条款（Full Liner Term），也称班轮条款，船东负责装卸的费用，这个条款对于货代给货主报价的时候用得比较多。

（2）FILO条款（Free In Liner Out），船东只负责卸不负责装，这个条款在船东给货代报价的时候用得比较多。

（3）FIO条款（Free In & Out），船东不负责装卸，这个条款很多的时候使用在散杂货租船方面。

（4）LIFO条款（Liner In Ferr Out），船东只负责装不负责卸，这个条款很少会用到。

FLT、FILO、FIO条款占据了散货业务的99%，LIFO条款极少会用到，因为除了租船以外，船公司必须自己掌握卸货时间，这样成本是在自己控制范围内的。

小贴士

（1）出口也会有转关的货物，区别就在于申报地点改在了内陆通关点，由内陆通关点至口岸通关点之间是通过海关监管车辆运输的。转关货物在口岸通关点一般不会再办理查验等详细的清关手续，只是简单地录入通关。

（2）无论进口还是出口的转关，都是针对比较特殊的货物，在内陆通关点报关比较容易进行沟通和解释。中间海关监管车的运输成本要比一般的普通运输成本高很多，如不是特殊的物品大多还是选择在口岸海关清关比较节约成本。

空运——与飞机有关的实用知识

空运是通过飞机进行空中运输的一种方式，相比海洋运输最大的特点就是时间快、费用高。所以一般也是针对货值比较高，客户要求时效性比较强，或者由于生产延误了交货期，为了赶交货期而必须通过空中运输来完成交易的货物。既然有空中运输这项服务，那么肯定有需求存在，而且需求量还很大。特别对一些鲜活货物的直达运输，空运能够减少运输途中的损耗。

空运货物比海运货物的限制要多很多，一般空运货物对危险品、化工品要求都很严格，包装都有规格限制，一些粉末状的物体都拒绝运输，而且操作这块的货代也需要有专门的资质。还有空运对有磁性的物品运输，一定要经过消磁；对一些可能会有磁性的货物要进行磁性检测，合格并且有磁检报告才能申报出运。对货物的长宽高也有相应的要求，一般单件长度超过3米、高度超过1.6米都需要确认一下是不是能接。

货机基本的板位：

低板3.18米×2.44米×1.6米；

中高3.18米×2.44米×（1.6米~2.4米不等）；

超高3.18米×2.44米×（2.4米~2.9米不等）。

相比海运，空运费用的构成比较简单，主要就是航空运费和燃油附加费两部分。航空运费是各家航空公司根据不同航线、不同飞机、不一样的时效自己制订出来的费用，燃油附加费则是国际航空运输协会根据国际市场油价制订的统一标准收取，会根据国际油价的变动适时调整。两者相加就构成了空运费用的总和。

空运和海运一样，也分为进口和出口。下面主要讲述进口和出口的流程。

1. 空运进口清关

（1）飞机到达口岸机场后，先由机场地面代理将货物卸下进行货物处理，如果总运单收货人是机场货代，就将这批货物安排进该货代的海关监管仓库。如果总运单的收货人不是机场货代，则由机场地面代理决定进入相应的海关监管仓库。机场地面代理还负责确认总运单的舱单信息。

（2）机场货代负责确认分运单的舱单信息，将舱单信息发给机场海关。

（3）机场报关行受收货人委托办理抽单（到存放该货物的货代领取正本随机文件和到货通知）报关（在口岸机场海关和检验检疫机构办理通关）手续。

（4）机场海关放行后，运输车队凭盖有机场海关、检验检疫机构放行章的正本运单到海关监管仓库提货，离开监管区域时接受武警检查，经过运输将货物送给收货人。

2. 空运进口转关

（1）同空运进口清关（1）。

（2）同空运进口清关（2）。

（3）机场报关行办理抽单转关手续，取得转关申报单。

（4）监管车队凭此提货，接受海关的检查并对监管车辆施加海关封志。监管车队离开监管区域时接受武警检查，通过运输将货物送抵内陆通关点。

（5）内陆通关点检查海关封志后拆封，将货物卸入监管仓库。

（6）内陆报关行接受收货人委托向内陆海关和检验检疫机构办理通关手续。

（7）海关放行后，运输车队凭盖有海关、检验检疫机构放行章的正本提货单到内陆通关点的海关监管仓库提货，通过运输送给收货人。

3. 空运出口清关

（1）发货人委托货代业务员向航空公司订舱。

（2）货代业务员给发货人进仓地图和寄送报关资料的地址（空运货物送货和报关地址一般是在一起的，所以报关资料可以随货一起送到仓库）。

（3）发货人委托运输车队将货物送至指定仓库，并寄送报关资料。

（4）货物到达仓库后，仓库人员称重量、量体积，核准无误，口岸报关行审核报关资料后向机场海关申报出口。

（5）海关放行后（海关会对出口货物进行抽检），货代业务员将货物交给机场地面代理，由机场地面代理将货物装上飞机出运至目的港。

4. 空运出口转关

空运出口转关也是将报关的主要申报点改在内陆通关点，然后从内陆通关点到口岸海关通关点监管仓库这段的运输需要由海关监管的白卡车进行运输，其余的操作同空运出口清关。

注：空运和海运的进出口方式根据贸易条款的不同，还有很多种运输方式，这里讲解的只是最基本的几种进出口运输方式。

铁路运输——抓住机会，适时选用

国际铁路运输是在国际贸易中仅次于海运和空运的一种主要运输方式。其最大的优势是运量较大，速度较快，运输风险明显小于海洋运输，运输费用低于航空运输，能常年保持准点运营等。

铁路运输属于在空运、海运以外的第三类运输方式。基本的流程和海运整箱运输的流程基本一致。只是铁路运输对于集装箱运输这部分有配对原则，一节车厢装两个柜子，铁路是成对（不单独运输，一定要两个20GP的小柜拼对，40GP则默认为两个20GP）卖出的。所以货代业务员有时就需要帮助客户配对。

铁路运输主要针对海运到不了的一些中亚城市，像俄罗斯的一些内陆点。相比海运运输费用上稍微高一些，但是时效性上比海运运输要强。

铁路运输中不仅仅是集装箱运输，还有车皮运输等，对装运一些特殊物品很方便，如建材、煤炭等。

联运——便利的提供者

联运是在集装箱运输的基础上产生和发展起来的，是指按照多式联运合同，以至少两种不同的运输方式，由多式联运经营人将货物从一国（地区）境内的接管地点运至另一国（地区）境内指定交付地点的货物运输。国际多式联运适用于水路、公路、铁路和航空等多种运输方式。在国际贸易中，由于85%~90%的货物是通过海运完成的，故海运在国际多式联运中占据主导地位。

联运是各种运输方式的一种结合：有海运和铁路运输相结合的海铁联运，海运和空运相结合的海空联运，还有海运和汽车运输的结合等。联运针对的客户群不一样，各有各的市场，是承运方式里面的补充产物，更好地满足了国际贸易的需求。

联运主要是发生在港口和内陆城市之间的一种运输方式，通过海洋运输运到中转港，然后再通过铁路运输运到实际目的港，这样的运输方式在联运中用得最多。最好的例子就是运往美国的货物，虽然美国报价都是海运报价，其实进入纽约、长滩、洛杉矶这些中转港后很多货物都是通过铁路运输到达内陆的一些目的港，只是一般这条航线不被称为海铁联运。到达美国还有种方式叫小陆桥运输，是先通过海运到达美国的基本港以后，再通过陆运以最快的方式送至指定的目的港，这也是联运的一种模式。相比俄罗斯通过海运运输到达东方港口后再由铁路运输进入内陆的路线而言，这是现在走得最多的海铁联运的路线。

联运最大的特点就是在缩短运输时间的同时，为发货人节约运输成本。

国际快递——使用前要精打细算

国际快递是国际货运中最基础的一种货运流程，也是最简单的一种国际贸易运输过程，注重的是快捷、便利，相对来说平均成本也是最高的一种运输方式。

1. 选择国际快递的情况

（1）货量比较小、用航空运输不合算（航空运输会有一个最低收费标准）、用海洋运输又太耗时间，这时会选择国际快递这种运输方式。

（2）外贸生意洽谈初期，赠送样品的环节，国外买方需要卖方快速提供样品，以供选择；或者是时效性要求比较严，货值比较高的物品。国际快递最大的优势就是运输时间快，提供的是门到门的取送件服务，为外贸的前期比样阶段缩短时间，以尽快达成项目合作。

2. 快递的品牌

全球快递品牌主要有 FEDEX、UPS、DHL、TNT、EMS。它们各自有自己的优势航线，FEDEX 主要针对的是美国市场，做美国的时效性是最快的，但是价格比较高；UPS 是全球最大的包裹速递服务公司，起源于美国，服务的网点最全，是一个比较资深的快递品牌；DHL 的强项是针对中东、东南亚市场；TNT 主要是欧洲市场做得比较好；EMS 是指中国邮政快递，做得最好的应该是日本线，其余的优势是价格便宜。随着全球贸易的日益发展，一些小的快递专线也层出不穷，各有各的优势，总体来讲，专线肯定要比这些品牌快递在价格上有一定的优势，各家公司应根据自己所需进行合理选择。

3. 使用国际快递的注意事项

（1）一般国际快递是用来发送样品的，所以不需要正式报关，但是样品的金额有一定的限制。USD600 是一个分界线，超过的需要进行进出口的清关，只是相对正常的海运、空运的清关，国际快递属于快速清关。

（2）国际快递丢失问题。快递客户是很少会买保险的，但是如果对于货值高的货物进行快递，客户最好还是要买额外的保险，因为按照国际快递行业规范，一般丢失快递最高赔偿额不会超过 USD100。

（3）一般快递到国外是不用缴税的，属于样品。但也要注意的是，即使申报价值报得再低，到国外如果被确认是有价值的货物，国外的买方还是要承担相应的税收。

（4）国际快递可以做到付的付款方式，但是一旦国外的买方拒绝付费，所有运费都需要快递方进行全额支付。

4. 快递费的计算方式

对于 10kg 以下的货物，一般是按照区域进行计费，会有一个首重付费，然后按照每 0.5kg 为一个递增单位进行叠加。超过 10kg 一般会有大货价格，可以直接按照千克数进行计算。快递的计重方式和空运的计重方式是一致的，这里就不多做解释。

法律法规

1. 对我国进出口集装箱和所装货物的监管

《中华人民共和国海关法》第二条规定："中华人民共和国海关是国家的进出关境（以下简称进出境）监督管理机关。海关依照本法和其他有关法律、行政法规，监管进出境的运输工具、货物、行李物品、邮递物品和其他物品（以下简称进出境运输工具、货物、物品），征收关税和其他税、费，查缉走私，并编制海关统计和办理其他海关业务。"海关是依据本法的规定对集装箱及集装箱货物执行监管的。

（1）装运进出口货物的集装箱，应有加封装置，并符合海关监管要求。

（2）运载进出口集装箱的运输工具负责人或者其代理人，应向海关申报，并在交验的进出口载货清单（舱单）或者装载清单、交接单、运单上，列明所载集装箱件数、箱号、尺码，货物的品名、数（重）量、收货人、提单或者装货单号等有关内容，并交付每个集装箱的装货清单。

（3）未办理海关手续的进口集装箱货物和已办理海关手续的出口集装箱货物，应存放在经海关监管的仓库场所。保管集装箱货物的单位，应负责保护集装箱封志的完整，未经海关同意，不得擅自开启封志、装入或者取出货物，不得将集装箱货物移离海关监管的仓库场所。

2. 对集装箱箱体的监管

（1）从国外购买和出售给国外的集装箱进出口时，不论装货与否，均应由集装箱的收货人、发货人或者其代理人单独填写报关单，向进出境地海关报关办理纳税手续。

（2）购买进口的和国内生产的集装箱，在投入国际运输时，集装箱所有人应向海关办理注册、登记手续。

（3）暂时进口的外国集装箱（包括租赁的），不论装货与否，进口和复运出口时，均应由进口经营单位或者其代理人单独填写进出口货物报关单向海关申报，并出具担保函保证于3个月内复运出口。如因特殊情况不能按期复运出口的，可提出申请，经海关核准予以适当延长。在规定的期限内仍不能复运出口的，应向海关补办进口纳税手续。

（4）由海关办理注册登记手续的集装箱，由海关在集装箱适当部位刷贴"中国海关"标志。再次进出口时，可凭此免办有关手续。

3. 对集装箱货物的监管

（1）进出口集装箱货物的收货人、发货人或者其代理人，应在进出境地向海关办理报关手续，并按规定递交进出口货物、物品的申报单证。如果要求在到达地或者起运地海关办理报关手续，须报请进境地或者起运地海关同意，并按"海关监管货物"办理手续。海关认为有必要时，可对有关集装箱施加海关封志。

（2）海关对集装箱货物进行查验时，收货人、发货人、集装箱经营人或者其代理人应到场，并且按照海关要求负责开箱、拆包、搬运等事项。进出口集装箱货物，经海关查验放行后方准提取、装运或者继续发运。

经海关放行的进出口集装箱货物，海关认为有必要时，可以进行复查，或者调阅有关交接、验收等单证和账册。

（3）收货人、发货人或其代理人，要求海关派员到非设关地点或者海关监管区域以外办理验放手续时，应报请进境地或者就近地海关核准（对进口集装箱货物，就近地海关核准后，应将核准情况通知进境地海关），并按规定缴纳费用，免费提供往返交通工具和安排住宿。

（4）经有关单位申请并经海关同意，在集装箱中转站和拆、装箱点设置海关机构或者派驻人员时，有关单位应免费提供必要的办公和住宿处所。

4. 我国进出国境货运监管

（1）进出国境的货物，应由海关依照《中华人民共和国海关法》的规定查验。

（2）进出国境的货物和运输工具，应经由设有海关机关的地方通过，并向海关申报，由海关监管。与上述货物有关的码头、仓库、场所和其他运输工具均应受海关监管。

（3）海关监管货物的装卸时间由当地海关规定，其装卸地点应会同有关交通机关规定。

小贴士

对国家明令禁止进口的货物或者限制出口的货物一定要把好关，不能做有损国家利益的事情。

依法纳税是每家货代公司应尽的义务。

第五章　国内运输与国际运输

国内运输

　　国内运输是货代整个物流环节的第一阶段，由车队运输到港区，报完关才能开始第二阶段国际运输。国内运输主要由车队来完成。车队是货代环节衍生出来的一个单独产物，毕竟要让每个货代都配备自己的车队，成本就太高了，这样就衍生出来专门做运输这一块的货代，俗称"车队"。国内运输主要分为三种类型：集装箱运输、散货运输、监管货物运输。

1. 集装箱运输

　　这种运输方式是指如果出货量达到一个集装箱，工厂的装卸能力能够自己装箱，那么就由车队根据船公司放的预配（船公司的舱位信息）去相应的集装箱堆场换成设备交接单，然后凭设备交接单由集卡车去堆场提取对应的集装箱空箱子，开到客户货物所在地的工厂，装好货物，由工厂把铅封（避免货物途中遗失的一种锁，锁住以后除非破坏锁才能打开集装箱）封好，然后司机再开着集卡车把装满货物的集装箱送到港区指定地点。

一辆集装箱卡车能够装载的是一个 40GP 的箱子，所以遇到 20GP 的集装箱，在重量允许的范围内，一般是和另外一个差不多在同一个城市工厂发货的 20GP 集装箱一起拼着用一辆车。这就会涉及先去哪家装货的问题，一般车队都会在前 1～2 天内和工厂沟通好。遇到单个 20GP 重量超过 25 吨的货物，由于道路限重和集装箱卡车本身承重方面的限制，一般只能一辆车装一个 20GP 的货物。

小常识

　　集卡车队最赚钱的是两个小柜拼的方式，每个小柜的报价费用加起来的总和肯定超过一个 40GP 单个箱子的费用，而提箱子去装货，再送进港区，费用其实不会多出来多少。所以如果同一家工厂，同时出两个 20GP 集装箱的情况，要记得问车队双拖（两个一起拖）的价格，会比两个单个的 20GP 加起来的价格总和便宜不少，达到节约成本的目的。

2. 散货运输

有很多的货物凑不满一个集装箱或者即使能凑满整个集装箱但是工厂考虑一些因素不想在厂里装货，那么我们就需要将货物运到出货港附近的仓库进行装箱，这样的运输方式就是散货运输。各个城市基本都有自己城市本身的国内运输车队，他们是把这个城市当天要送港口仓库的货物集中，然后夜里拉着货物去港口城市，一家家仓库送货，这样能节约运输成本、提高效率。一些全国连锁的国内车队、快递，都能进行散货的运输。再有就是港口仓库自己的车队，他们派车下来提货，相对成本会比较高，分摊给工厂的送货费用也会比较高，而其优势是能比较快速地提取货物，从而缩短运输时间。当然，一般工厂所在地城市都有包车服务，就是指定一辆车专门为自己的工厂运送自己的货物，这样可以控制时间，只是价格相对高一些。

上海、宁波港散货进仓的时候都会有进仓费用，仓库会向司机收取，司机凭借仓库的发票向工厂索要。所以工厂核算费用的时候，一定要注意这一点，货物比较多的时候，进仓费的金额也是不可以忽视的。

3. 监管货物运输

监管货物运输，顾名思义是指在海关监管范围内的货物运输。这类货物的运输需要经过海关专门审批，并且在海关有备案的车队的车辆才可以操作。每辆车在海关都有备案，配有专门的白皮书，所以可以被通俗地称为"白卡"。"白卡"运送的货物一般是转关货物，或者保税区、出口加工区、物流园区的货物。这类货物的运输必须在海关的监管下进行，运送过程中车内货物是通过海关封志密封，只有到了目的地才能由当地的海关拆封、查看货物。监管车里面有集装箱监管车和散货监管车，因为全程监管，运输成本会比其他车贵，所以监管车的运费比较高，同时，它针对的货物也是有区别的。

监管运输可以同时拼一批货到同一个地方，只要在起始海关这边同时有几票货物，到达同样的目的地海关，正好一辆车能装得下这些货物，就可以把这些货物拼在一辆监管车里运输，这样不仅可以为工厂节约很多成本，也可以让货代赚取更多利润。

国际运输

货物离开中国向着自己的目的地出发，可以通过轮船、飞机、火车或卡车来实现运输，根据航线、地理位置、运输要求合理搭配，从而完成最终的承运任务。

1. 海洋运输

拼箱货物和整箱货物在海洋上都是由船公司用集装箱装好，叠放在船舱或者甲板上进行班轮（每周固定一天或者几天开船，走固定的航线）运输。集装箱在海洋上的运输都是按照每个集装箱来计费的，对于一些比较重、有特殊要求的货物或者一些特种集装箱，会增加一些额外的收费。例如，对于一些比较重的货物，由于货物重会影响船的装载量，减少上船的集装箱的总数，一些船公司会收取超重费；冷冻箱，由于上船以后要放到特殊的位置，需要供电保持箱内的温度，所以它的费用也会比普通箱高；开顶箱、框架箱等，都会在放置的时候有特殊要求，计费的标准肯定要比普通箱高，其中超宽或者超长的框架箱费用最高，因为它要占据的空间比较多。

在一些经济发达、贸易频繁的国家港口，会有多家船公司靠泊，并且这些船公司每周都会开至少一班船去靠泊这些国家的港口，平均下来这些港口基本每天都会有船到达。只是根据每个船公司的服务和自身航线的强弱，在价格上会有差异。货代就需要根据发货人的需要帮助其选择最合适的船公司进行运输。

（1）海洋运输的优点

第一，运力比较大，一条船能装几万吨，甚至几十万吨的货物，这是其他运输工具无法与之相比的。第二，运输成本比较低，因为是运送大批量的货物，平均到每件货物上的成本就会很低。第三，运输货物的种类比较多，如果海运都不能接的货物，基本上这些货物就不能进行常规运输了。

（2）海洋运输的缺点

第一，运输时间比较长，且不是非常准时。由于海洋运输受天气的影响很大，如果遇到恶劣天气，船晚开，运输时间延长很正常；在中转港有时候遇上压港（中转港由于货量超出它的疏港能力，就会产生压港）等一些原因，导致到达最终目的港晚个十天半个月的都是很正常的现象。第二，不可控因素比较多。集装箱在海上受阳光直射，箱体内的温度会很高，遇到一些易燃、易爆，或者货主暗自夹带的一些不能受热的物品，在海上就会发生一些毁灭性的灾难。

海洋运输中还有一部分货物不是通过班轮来运输，而是通过租船或者走散货船的方式来运输。这类船的挂靠港口是根据货主的要求来挂靠，船期也不是很稳定，要等货主的货物完全装载完毕才能开航。通常，船公司和货主签订合同，规定一个期限，超过这期限费用会由货主来承担。这类运输的货物主要针对的是矿产、工程设备、大件设备等一些通过集装箱无法完成运输或者说相对集装箱要求的运输成本更低的货物。

2. 航空运输

航空运输就是用飞机把货物运送到目的地的一种运输方式。专门用来运送货物的飞机有限，其他的飞机主要业务是运人，所以飞机的运输能力有限，其运输费用是几种运输方式中最高的。由于各个国家的航空公司都和中国有合作关系，所以中国的货物进行航空运输时，航线上的划分也就很多。除非这个国家受到航空管制，否则去一个国家的飞机，一周至少会有好几班、好几个航空公司的飞机，而一些经济发达、贸易频繁的国家，基本每天都有好几个航空公司的飞机进行往来运输。

（1）航空运输的优点

第一，时效性比较快。一般航空运输快的几个小时就能到达目的港，慢的2~3个工作日。非洲、南美一些国家由于中转的次数多，运输的时间会比较长，有时候需要一周时间来完成整个运输。第二，货损的风险比较小。运输途中比较平稳，而且时间短，所以对于货物的损害比较小。

（2）航空运输的缺点

第一，成本高。空运是按照千克计费的，所以货值比较低的货物根本不适合进行空运，有时候空运费都比货值高。第二，运输的货物限制比较多。为了飞机安全，危险品、化工品、有磁性的物品基本都不能进行空运，即使要运也会有严格的检测要求。第三，运力小。每架飞机能装载的货量不多，顶多也就几十吨的货物，大批量的货物很多时候都需要分批出运。

3. 铁路运输

铁路运输主要针对的是两种情况的货物，第一种是船运到达不了的一些内陆城市，例如，俄罗斯、中亚这些内陆国家和地区，用铁路运输的比较多。第二种是船运到固定的中转港后根据内陆港的需求，转运由火车来完成，这一种在美国内陆运输比较常见。

铁路运输的运力比空运的大很多，但是比海运又要小很多，比较适合运输大批量的货物。

不管什么样的运输，总归有它们存在的必然性。有贸易就会有物流运输。至于选用何种运输方式，货代可以根据客户的货物情况、时间要求等，帮助客户选择合适的一种方式进行运输，保证货物安全、及时地到达目的地。

第六章　报关部分

不管货物是要运送到国外，还是从国外运进国内，都需要通过海关的审核，这个审核的过程就是报关。由收货人或者发货人把货物的详细信息（品名、包装、件数、毛重、体积、货值等）提供给海关进行货物申报，由海关进行审查，予以放行，才可以顺利进出口。海关审批不通过的货物，给予退回或者扣押处理。

出口报关

任何货物要离开中国境内发往其他国家（地区），都必须通过中国海关对货物的审核。这就要求发货方必须将货物的品名、重量、体积、用途、性能等相关信息如实申报给海关，海关通过这些信息来确认货物的出口是否符合国家规定，最终来决定货物是否能离开中国，进行第二段的国际运输。

在出口报关中，海关要求发货方对货物的品名、重量、体积、用途、性能等相关信息如实申报，主要是基于以下几种原因：

第一，统计的准确性。一个国家不论是出口大宗的资源型物资，如木材、钢材、煤炭、石油等，还是出口生活用品，如服装、家居用品等，或是高技术附加值的产品，如飞机、高新技术机器等，都需要国家在宏观上有一个整体的了解、规划和调控。因此，出口报关的真实性和准确性就显得非常重要，因为哪怕再微小的失误累计起来也会影响宏观的数据。

第二，海关监测的是一些国家不允许出口、限制出口的资源、技术等，如果它们被一些不法商人售卖至国外，则会损害国家的利益。国家禁止或限制出口的包括一些稀有自然资源、野生动物，以及涉及国防军工、国家安全、公共健康的装备和技术等。违反相关规定，即涉嫌走私，需要承担相应的刑事责任。

第三，大家在报关中遇到最多的情况是和大部分外贸企业、外贸工厂息息相关的退税。我们知道国家在鼓励出口方面有很多优惠政策，退税就是其中非常重要的一项。国家为了鼓励国内产品的外销，增加我国的外汇储备，对多种产品的出口都给予税收上的补助。退税涉及企业利益，出口的产品都是按照美元计费，少则几百、几千美元，多则几万、几十万、几百万美元。因此，相应的退税所带来的利润，有时候也非常可观。由于产品种类不一样，享受的退税额也不一样，这使得部分企业有了可乘之机。他们在退税税差上面做文章，选择一种更高退税的商品编码进行申报，这样能得到更多的国家退税，从而实现利润的最大化；更有甚者，会用风马牛不相及的货物来冒充某个国家优惠退税比较大的物品来申报，以攫取高额退税。这些申报，单从资料上来看，往往是看不出任何问题的，因此就涉及现场查看货物这个环节。海关不可能每票货物、每个箱子都去查验真伪，只能根据一些归类原则和一些企业诚信记录来选择性查验。除此之外，其余的大部分货物会由海关系统随机循环抽取查验。但这种机制，不代表出口企业可以肆意妄为，以碰运气的心态来博取利益。海关有一套完整的稽查制度和体制，会根据发货人以往违规情节的严重与否，随时对不法之徒发起调查、取证。

需要强调的是，上述情况并不是绝大多数企业所乐意为之的事情，但是现实中，很多企业都有过归类存疑、查验扣货的经历。这其实是报关和外贸两者之间在某些观念、理念上存有差异的问题。例如，有些企业会根据外贸常识、生活常识等，想尽办法将自己的产品往高额退税的相关品名上去靠。这种情况往往不会构成刻意的骗税行为，但由于海关的商品编码的归类在涉及税差和对外贸易管制证件上，有自己的一套准则和依据，因此两者之间往往产生矛盾，从而产生一些出口通关上不必要的阻碍甚至纷争。因此，在这里也要告诫广大外贸公司和外贸工厂，在出口报关上一定要准确、专业，在做好自身报关规范化的同时，一定要选择和正规的报关企业合作，在各个方面都尽量避免不必要的麻烦和风险。

案例分析 ----------------------------------

举两个商品归类矛盾的例子，读者可以对商品归类享受退税的问题有直观的认识。例如，商品编码为 95030029.00 的木质玩偶在海关的退税率是 15%（如果出口 1 万美元货值的商品，将享受海关 1500 美元的退税补助），而商品编码为 44201011.90 的木质装饰品在海关的退税率是 9%。很多生产木质产品的工厂，就会把这些木质的小饰品归为木质玩偶，而海关认定其实质是不具备玩偶的特性。这个中间差价是 6%，1 万美元有 600 美元的差距，而一般一批货物出口的货值是几十万、几百万美元，读者可以自己计算一下差额。又如，商品编码为 84313100.00 的电梯配重铁退税率为 15%，而商品编码为 73251010.00 的工业用无可锻造性制品退税率为 5%。如果这些重铁和电梯成套出运是完全可以按商品编码 84313100.00 电梯配重铁来申报的。但是很多企业单独出口的时候也是按这个商品编码进行申报，而海关则会坚持要求按商品编码 73251010.00 工业用无可锻造性制品申报。

需要特别说明的是，商品编码（HS Code）是 Harmonized System Code 的缩写，是国际海关公认的进出口产品分类标准。国际通用的是前四位编码，后面的编码各个国家（地区）根据国家（地区）理解，会有所不同，所以一件商品在中国的商品编码不等于在国外的商品编码。

进口报关

　　任何国外的商品要进入中国市场必须经过海关的审核。相对于出口，海关对于进口的商品审核要求会更加严格。对于食品、酒水、化妆品等敏感性货物，海关对每票货物都会进行现场查验，做检验检疫等消毒处理。对一些机器设备类物品的进口报关，海关都要求提供齐全的证件，以免误进口一些淘汰的设备。对于一些普通的原材料，海关的抽查力度也会比出口大很多。这一切都是为了保障国家利益不受损害。

　　海关对进口报关也会根据商品的商品编码给予一些政策优惠，例如，对一些能提高生产力，给国家带来技术更新的商品给予免税政策；对从一些缔结了自贸协定的国家（地区）进口的商品，通过查看其原产地证，在税收上面给予一定税率的优惠。对于一些国外已经规模化的产品，由于本土企业技术、生产力上面的缺陷而导致同类产品竞争力远远不及进口产品的时候，国家会保护本土企业，实行高额税收，使其在中国的零售价格高于国内同类型商品，给中国本土企业留下生存的空间，等等。

第七章　港口杂费

货物到达港口后，不管是通过飞机还是船舶运输，都需要地面人员用叉车或者吊机将货物运上飞机或者船舱，就会产生费用，这就是港口杂费的由来。港口杂费根据船公司的不同和各个港口的不同而有差异。下面以上海港的空港和海港为例，来介绍各项费用。

海运杂费

1. 海运整箱港杂费用

基本上海港的报关收费标准是 100 元/票，超过 5 个品名的增加一张报关单，加收 50 元。拖车收费没有固定的标准，都是按照路程长短来计费，这一部分每次装箱之前都会按照工厂的地址来确认拖车的费用。除了这两项费用以外，其余几项基础费用都是交给船公司的。订舱费是指向船公司预约船舱的费用（船公司会给配舱回单，车队凭该回单去堆场换取该船公司集装箱的设备交接单，凭设备交接单才能提到该船公司的箱），这个费用各个船公司会有一些不一样。总体 20GP 的订舱费在 290 元左右，40GP/HQ 的订舱费在 390 元左右（上述费用是大部分船公司的标准平均值，不是一定的，如 COSCO 的订舱费就是 260 元/20GP，380 元/40GP，510 元/40HQ）。

码头操作费（THC，Terminal Handling Charges）指集装箱的码头操作费用。集装箱到达港区以后，需要吊机把箱子先吊下来放到堆场，然后等到船舶靠泊以后，需要吊机把一只只的箱子吊上船舱。和订舱费一样，这里的 THC 只是大部分船公司的平均值。20GP 的 THC 费用在 690 元左右，40GP/HQ 的 THC 费用在 990 元左右。

安保费就是码头集装箱的安全保护费用，20GP 的安保费为 30 元，40GP/HQ 的安保费为 50 元。

封志费就是集装箱的箱门锁（铅封）的费用。封志费大约为 50 元/个。有时候箱子查验，之前的会被海关敲掉，查验完了还会用新的封好，所以查验货物收两个封志费是正常的。

集装箱装载的货物信息、运送的目的港口、箱子的重量等信息会传递到船长手里，并随着船行到目的港进行交接，这些记录信息就是产生文件费的原因。文件费的收费标准大约为 50 元/票。

以上是上海港海运整箱基本的港口杂费，不是每个港口通用。例如，深圳港和广州港就没有订舱费这个说法，但是他们的 THC 会比上海港高。货代还需要根据自己所处地区去了解具体情况。[①]

2. 海运拼箱港杂费用

按照常理，拼箱最终的出运箱型还是整箱，费用应该和整箱一致。但是，拼箱货一个柜子里面少则几十个客户的货物，多则几百个客户的货物，

---

①注：1. 特种箱（例如，开顶箱、框架箱）的费用都会略高一些。

2. 以上标明的费用都是 2022 年 6 月以前的费用标准。

3. 除了文件费、报关费，其余的费用都是按照每个集装箱进行收取的。

而且货物大小、重量各有不同，怎么去分这些费用是个难题，不如不收取或者通过另外的形式收取，因此，拼箱有一个整箱没有的费用——进仓费。工厂自己派车或者通过物流公司将货物送到货代的指定仓库，此时仓库会向司机收取这批货物的进仓费。这部分费用一部分是仓库卸货的人工费，一部分用来付集装箱装好后短途运送到港区的费用，还有就是用来支付码头的杂费，最后剩下来的也就是仓库的利润。有些港口是不收进仓费的，港口的港杂费用由拼箱公司承担。拼箱的进仓费根据仓库的不同，标准会有所不同，平均下来为 20 元/RT 左右。就上海而言，由于上海还有一个洋山港，送进港区的路程很远，所以如果这个箱子上的船是洋山港的，那么基本收费标准为 50 元/RT。

这里要特别说明的是，由于每家拼箱公司的仓库收费标准都不一样，还有拼箱在正常白天时间和夜间进仓也会有不一样的标准，所以这里的费用金额只适用于一般情况，并不是绝对的。

3. 海运散杂货港杂费用

大件的货物，一般都是送进固定的码头，由船公司进行装卸，或者是自己雇佣有资质的码头操作公司，谈好费用，货物进港后由他们进行运送上船的操作。散杂货的码头操作就一个总体的费用，里面包含了装卸和堆存的费用。如果需要额外使用一些特殊的机器（例如，单件重量特别重，必须请重吊过来的时候），这些费用都会实报实销，不算在码头杂费里面。散杂货码头杂费的标准是 35 ~ 45 元/RT。

空运杂费

相比海运港口费用，空运的费用不仅少而且超过一定重量是可以免掉港口杂费的。空运仓库基本都是由空运代理在机场附近租下来的地方，仓库的成本都会在公司总体运营成本里面。空运代理和货代是一体的，没有分包出去，如何收取费用由自己控制。经过多年激烈的竞争，形成了目前没有杂费的局面。通常重量低于 1000 千克的货物，因所获利润比较少，所以会让客户帮着分摊一些报关和制单的费用，上海港也有这个标准（150 元/单），分票报关的，会多收几票报关费。对于超过 1000 千克的货物，由于所获利润相对来说可以允许自己去承担这部分杂费，所以一般都不单收杂费。在实际业务中，有些货代对超过 500 千克的货物就免杂费的情况也是有的。

铁路杂费

铁路运输和空运差不多，属于高成本运输，所以杂费相对也是比较少。在报关和拖车这块基础费用上，铁路报关费比较高，大约为 300 元/单。铁路运费的基数比较高，一般杂费都含在运费里面了。

综合来说，港口杂费不是一成不变的，根据国内港口的不同，运输公司的不同，或者是货代的不同，都会有所不同。上述内容只是根据目前的行情所讲的一个框架，具体实施过程中港口杂费还是会有很多变化的。

第八章 目的港费用

　　货物经历了长途跋涉，终于到达了目的地。到达目的地以后并不是马上就到收货人手里的，还需要经过一定的程序，最终才能由当地的卡车将货物运送到收货人的仓库或者工厂。在最终到达之前还会产生一系列的操作费用，其中以码头费用、清关费用和最后的送货费用为主。由于不同国家（地区）、不同港口的计费标准、货币种类都不一样，所以下文只讲述费用产生的环节，具体收费标准不做表述。

目的港码头费用

　　货物到达目的港以后，需要从飞机或者船上卸下来到地面仓库或者码头堆场，这样自然会产生码头的卸货费用。这些货物堆放在仓库或者码头的时间超过一定的期限，也会产生堆存费（一般空运免费堆存时间在 3～5 天，海运集装箱的免费堆存时间在 7 天左右）。最后货物通过海关审核，送货去工厂的时候还需要仓库或者码头配合装货。海运里面船公司还会有一些文件需要和码头交接，使用集装箱也会有设备交接单等，这些都会产生费用，综合起来就是码头费用。

> ### 小常识

免堆存费和免用箱费的区别

　　堆存费是指集装箱在码头堆放超过时间后产生的堆存费用。用箱费是指使用船公司的集装箱超过免费使用期限以后产生的费用。集装箱属于船公司，码头不属于船公司，一般码头都由各国政府控制，除非个别在某个国家实力比较强大的船公司能够在码头租有自己的固定堆场。集装箱的免费使用期限一般根据港口的情况确定，有一些国家清关速度比较缓慢，可以向船公司申请延长使用集装箱的天数，一般能延长到 14 天，当然特殊的一个月也是有可能的。但是堆存的免费时间一般都不在船公司管辖范围内，除非是这个船公司有自己租用的堆场，否则很难申请延长免费时间。

清关费用

　　清关就是由收货人向当地海关申报货物的真实情况，并缴纳相应的关税和增值税，在海关的审核通过后才能获得货物的支配权。正常情况下，收货人不会直接面对海关，而是委托有资质的报关行去报关，这样就会产生代理清关的费用，这项费用一般不会很高。清关中费用最多的就是根据货物价值产生的关税和增值税。关税是指货物进入这个国家，按照对应的商品编码，进口人要向这个国家缴纳的税收；增值税是货物在当地进行贸易所产生的附加值所征收的一种流转税。中国和很多国家都签署了自贸协定，只要能出具货物的原产地证，证明货物的产地是中国就能够免关税。

任何贸易条款中，都不包含增值税，即使DDP完税后交货，也是交完关税，并不包含增值税。因为增值税是流转税，一般货物到达目的国（地区）后还会进行二次买卖，这样增值税就会转嫁给买主。

送货费用

货物经过海关审核通过，缴完税金，收货人这才得到了货物的最终归属权。这时就剩下最后一步，让当地的车队帮助把货物从仓库或者码头运送到自己的仓库或者工厂，这也是国际货运中产生的最后一项费用——运输费。

另外，很多国家对时间的控制是很严格的，车队送货到工厂都会有卸货时间，如果超过卸货时间没有卸完货物，就会产生待时费用。这里在DDU&DDP条款下或者发货人要求送货到收货人指定地点的时候，一定要注意这一点，要提前跟国内委托方说明，避免产生额外费用，增加成本。

特殊费用

1. 拼箱的特殊费用

海运拼箱货物到达目的港以后，首先是由国外的货代把整个集装箱的货物提取到海关监管仓库进行拆箱、分拨，然后通知每票货物的收货人来提取货物，这样就会产生一些货代操作上的费用（如拆箱费、仓库堆存费用），客户来换取提货单的费用，还有一些合作的起运港货代要求收取的费用等。拼箱的杂费都会有一个最低的收费标准，不管货物多少，收费至少都是按照一个立方收取或者有些费用规定有 Min Charge（最低收费）。有些南美、非洲比较偏的港口的拼箱目的港最低收费是最少两个立方甚至三个立方。

2. 查验费用

对于所有货物的进口，国外海关也会随机抽查，去现场查验一下货物与申报是否符合，或者用 X 射线检查货物，这样就产生了查验费或者 X 射线检查费用。

3. 弃货费用

不是所有货物到达目的港以后收货人都会去提取货物付清费用的，由于一些特殊原因，有一部分货物到达目的港之后，收货人不想要货物了，就产生了弃货现象。整箱货物弃货后有两种处理方式，一种是发货人再通过船公司把货物运回国并承担在目的港产生的所有费用；另一种就是运回的成本算起来不如直接不要货物，这样货物可能就会被海关拍卖或者销毁。费用承担上，船公司会形式性地向发货人收取，但不一定能收到（很多时候目的港拍卖或者销毁所产生的费用也不多，收不到船公司也不会太在意），最后经常由船公司来承担这部分费用。但是拼箱货物如果弃货，国外的拼箱代理还是会要求国内的收货人承担因此产生的所有费用。即使货值很低的货物，但是国外的弃货费用远远高于货值，导致有时候发货人也不愿意承担，只能由国内的委托货代去承担，否则国外货代会从业务往来费用中扣除。

整个目的港的费用其实还有很多细小的费用，各个国家收取的条款不一样，这里也就不一一解释了。在实际操作中，为了便于客户理解，货代可以将一些自己都不怎么好解释的小费用，合并到以上一些常见费用当中，可以给自己省去不少解释的时间。

　　这一章节主要是对货物出口运送到国外买家指定的仓库的整个货物流程中各个环节进行细化解释。实际贸易中还会有反向的流动，就是中国的工厂或者贸易公司向国外采购商品到中国来加工或者销售，这个过程就是进口。进口的环节基本就是出口的反向理解，大家在实际操作中去领悟其中的差别，这里就不单独再讲述了。

第九章　海外仓

　　讲到海外仓，首先要从海外仓的前身说起，海外仓起源于一种新型的商业模式，也就是我们俗称的"B2C模式"。最原始的国际之间的贸易模式都是以B2B为主的，也就是我国的商家对应国外的商家，与国外的商家成功交易后，再由其分销给直接客户的模式。但是，随着电子商家的发展，我国的商家直接可以把货物卖给国外的个人客户或者说是直接使用者，不仅提高了效率，而且大大缩减了货物的中间环节和成本，这是国际贸易的必然趋势。其中普遍认可的模式就是亚马逊FBA，当然还有Ebay、SMT、DHgate等，只是综合下来最典型的是亚马逊FBA，本书也以此来进行简单讲解。

亚马逊FBA和FBM

1. 亚马逊FBA

　　FBA（Fulfilment by Amazon）是指由亚马逊仓储派送，卖家需要提前备货至亚马逊仓库，买家下单后亚马逊负责把卖家预先存在亚马逊仓库的货物派送至买家。由于 FBA 货物到仓之前的运输和处理都不由亚马逊做，于是就有了很多国际物流公司去做关于 FBA 的头程运输，通过自己的供应链，帮卖家把货送到亚马逊仓库进行储备。

（1）FBA 的优点

①如果合理计算动销率，FBA 是可以节省运费的；

②亚马逊对在 FBA 仓库的货物有一定的流量倾斜；

③获得较好的买家购物体验积累，能帮助卖家在后期取得更多的收益。

（2）货代人能够操作的 FBA 运输模式

我们对亚马逊 FBA 不做深入的探究，因为我们的主要任务是国际物流这一个环节，对于亚马逊 FBA 我们货代人能做的都是头程，也就是从国内到国外指定的 FBA 仓库这段，这是我们所能操作的，剩下到客户手上的那段是国外的物流去解决的，甚至是亚马逊自己的物流去派送，不归我们管。当然现在的贸易模式下也是可以直接 B2C 操作的，那是后面讲的内容，这个基础的亚马逊 FBA 不做介绍。

我们货代人能够操作的 FBA 的运输主要有以下几种模式。

①国际快递 FBA。

顾名思义就是通过国际快递运输至 FBA 仓库，再由仓库分拨发货给买家的一种方式，这是一种最快的物流渠道。

特点：费用高，速度快。

针对性：针对货物价值比较高、体积比较小、利润率也相对较高的商品，对时效要求比较高。

②空派 FBA。

这种方式仅次于快递的速度，也是一种比较快捷的运输方式。其模式就是通过空运的方式运输到目的国，然后通过后程卡车运输至亚马逊仓库的运输方式。

特点：费用比较高，速度比较快。

针对性：针对货物价值相对较高、体积重量适中、相对利润也比较高、承担了比较高的运输费用后还能有不错的收益的商品，还有一点就是快销、热销的产品比较适合这种物流模式，对时效的要求不是太苛刻。

③海派 FBA。

这种方式就相对比较慢了，航程短的十几天，长的一两个月都有可能，通过海运集装箱的模式运输至目的国，然后再通过后程卡车分拨运输至 FBA 仓库的一种比较经济的运输方式。

特点：费用比较低，速度慢。

针对性：针对大件、利润率比较低、不分季节、能够长期储存的商品。

④联运派送 FBA。

这种运输方式主要是针对内陆国家，没有空港、海港的一些国家城市，可以通过海空联运、海铁联运、空铁联运等方式将货物发送至当地的 FBA 仓库。运输一直都是多种多样的，可以互相组合，互为补充。只要有交易，有人的地方，就离不开各种各样的运输方式，这也算是货代人的一个潜在魅力吧。

2. 亚马逊 FBM

FBM（Fulfilment by Merchant，也称 MFN）是指由卖家自行发货，亚马逊仅作为销售平台，卖家需借助如邮政小包、国际快递、专线等第三方快递服务派送给买家。

卖家可以按照亚马逊 FBM 后台的各项要求，填写相关的信息。

如果卖家选择的承运商无法在亚马逊的发货后台找到，卖家就可以选择"其他承运商"，第二栏填写"Other"，在"配送服务"一栏填写"Oexpress"或者"Postal"即可。在下面一栏填写物流服务商提供的追踪单号。这样的操作，亚马逊也是认可的。

亚马逊无货源模式很适合亚马逊 FBM，如"亚马逊无货源店群"创业模式。该创业模式是我们自主研发的 ERP 系统为核心的跨境电商新模式。相比"淘宝店群""京东店群"模式,"亚马逊无货源店群"具有投资少、易操作、利润高等特点。原因是在"亚马逊无货源店群"重点操作亚马逊欧洲站,同一件商品基本是 1688 平台上用人民币采购后直接改成欧元标价销往欧洲市场的。此外,亚马逊本身就是全球中高端购物群体集中的高端电商平台。

海外仓

说到海外仓让我不由得想起一部电视剧《鸡毛飞上天》,一部讲商业模式的电视剧。最早的时候我也是通过这部电视剧知道海外仓的原型的,后来在货代行业里面真的兴起了海外仓,应该是先有海外仓再有这部电视剧的,不过在我们的印象里却是反过来的。因为有这部电视剧的时候,"海外仓"这三个字还没有在外贸和货代行业兴起,后来的某一天突然就家喻户晓了。

1. 什么是海外仓

海外仓是建立在海外的仓储设施。在跨境贸易电子商务中,海外仓是指国内企业将商品通过海运、空运等形式运往目标市场国家,在当地建立仓库、储存商品,然后再根据当地的销售订单,第一时间做出响应,及时从当地仓库直接进行分拣、包装和配送。

海外仓服务有以下几种:

(1)一件代发

货品从中国海运或空运到美国仓,海外仓工作人员把货品进行详细的盘点入库,买家下单后,直接从美国仓发到买家手上。

(2)FBA 换标签

亚马逊账号出现异常,FBA 退货的产品,可发到仓库,重新换新标签,再转回 FBA,卖家用其他账户继续销售;Listing 审核不合格或无效不通过;

账号被关或投诉，更换新账号销售；A 账号销量不佳，更换高质量 B 账号销售；国内发货后，标签错误导致无法销售，需重新上架。

（3）FBA 中转补仓

先将货囤在美国仓，定期或不定期中转发往（补货）FBA，一边从 FBA 发货，一边从海外仓发货，结合使用。

（4）其他增值服务（加包装等）、处理退换货等服务

选择海外仓，只需要点击一下鼠标，即可进行库存盘点；敲一敲键盘，即可实现货品的二次配送，轻松地把货品送到美国消费者手中，坐等订单，随时发货。

海外仓优点：严格的仓储操作系统，保证发货效率和库存准确率；专业的 IT 系统，与卖家的 ERP 实现对接；为客户降低成本、优化速度、提升销量、提升买家体验，使客户在跨境电子商务领域提升竞争力，收获成功。

2. 海外仓的用途

（1）提升买家购物体验

消费者在网上购物看重的是产品能否及时送达，以及售后服务如何。通过海外仓，可以从当地直接发货，这就拥有了当地商家相同的空间、时间优势，所以卖家选择海外仓是一种高效的选择，不仅可以大幅度提升买家购物体验，还可以顺应跨境电子商务市场的发展。

（2）提升商品的派送速度

卖家把产品提前备货到海外仓，从买家所在国发货，这样物流派送速度就大大提升了，同时还可以减少因物流产生的各种纠纷和退款问题。

（3）降低海关风险

对于跨境卖家来说，海外仓头程是采用传统的外贸物流方式，按照正常清关流程进口，这样就大大降低了清关障碍，同时也突破了对运输物品的重量、体积、价值等限制，扩大了运输品类和降低物流费用。

（4）提升店铺销售量，有利于市场拓展

买家网购时都会优选物流快及本地发货的商家，海外仓模式物流快，售后退换货方便，大大提升了店铺好评率，提升了产品复购率，增加了店铺商品曝光度，从而提升了店铺销量，有利于市场拓展。

3. 虚拟海外仓

虚拟海外仓是一种介于国内直发货和海外仓发货之间的模式。看起来像是在海外仓发货，实际上在国内发货，包裹面单上显示的是美国本土单号。

（1）操作流程

①当平台产生订单后，卖家直接在国内打包好产品，系统下单，批量打印尾程派送运单，并贴在每个小件包裹上。

②将所有的小件包裹装箱打包，使用国际商业快递（DHL、FedEX、UPS）发货到目的海外仓。

③海外仓接收包裹，将大包裹拆箱清点，直接将小件包裹通过本土快递派送到买家手上。

（2）与海外仓的区别

虚拟海外仓：不需要备货到仓库上架，有多少订单直接从国内发货就可以了，到国外仓库后立即派送。

一件代发海外仓：备货到海外仓库上架，有单直接从国外发货。

4. 海外仓与亚马逊 FBA 仓的异同

（1）海外仓与亚马逊 FBA 的共同点

①二者都需要卖家提前备货，都具有很好的仓储管理经验，无须卖家操心仓储与配送问题。

②都可以缩短配送时间，提升客户的满意度，对店铺的销售额增长有帮助。

③都需要卖家批量发货，发货的方式一般选择空运、快递、海运，能有效避免物流高峰。

④都可以为买家提供退换货服务。

⑤无论选择FBA仓还是第三方海外仓，卖家每月都需缴纳仓租费用、物流费用和其他费用。

⑥产品在卖家的控制之外，但二者都有客服服务提供，让卖家知悉库存情况。

（2）使用亚马逊FBA仓与第三方海外仓的差异

①选品范围的差异。

亚马逊FBA仓对选品的尺寸、重量、类别有一定程度的限制，所以选品偏向于体积小、利润高、质量好的产品。

如果是选择第三方海外仓，选品范围比亚马逊FBA仓广一些，像体积大、重量大的产品也适合。换个说法，即能进入亚马逊FBA仓的产品必定能进入第三方海外仓，但能进入第三方海外仓的产品不一定能进入亚马逊FBA仓。

②头程服务的差异。

亚马逊FBA仓不会为卖家提供头程清关服务。

部分第三方海外仓服务商会给卖家提供头程清关服务，甚至还会包含代缴税金、派送到仓的一条龙服务。

③对产品入仓前要求的差异。

亚马逊FBA仓的入仓要求较为严格，需要卖家在发货前贴好外箱标签及产品标签。如果外箱或产品标签有破损的话，会要求卖家先整理，然后才能进入FBA仓。且亚马逊也不提供产品组装服务。

第三方海外仓的入库要求不会像亚马逊FBA仓这么高，在上架前会提供整理、组装产品的服务。

④对产品入仓后分配的差异。

亚马逊FBA仓是默认分仓的，往往会将卖家的产品分散到不同的仓库进行混储；而第三方海外仓一般会将货物放在同一个仓库集中管理。

此外，亚马逊 FBA 仓只提供给亚马逊平台上的卖家使用。而第三方海外仓则没这个要求，只要有货，无论在哪个平台售卖，都可以使用第三方海外仓。此外，第三方海外仓还具有中转作用，如果卖家同时使用第三方海外仓与亚马逊 FBA 仓，旺季时可以直接从第三方海外仓调货到亚马逊 FBA 仓，节省从国内发货的时间。

⑤仓储成本的差异。

选择第三方海外仓的成本都不低。相较之下，如果货物量大的话，使用亚马逊 FBA 仓对比使用第三方海外仓的成本会高一些。不过，进入亚马逊 FBA 仓的产品，卖家可以提高产品单价来分摊仓储成本。如果是进入第三方海外仓的产品，卖家可以降低产品价格来获取客户。

⑥对产品推广支持的差异。

选择亚马逊 FBA 仓，亚马逊平台可以增加卖家产品的曝光度，如提高卖家的 Listing 排名、帮助卖家抢夺购物车等，这些都有利于提高卖家店铺的流量与销量。

如果是选择第三方海外仓的话，海外仓服务商不可能像亚马逊那样，给卖家的产品提供平台或在平台上增加曝光度。卖家需要自己做站内外的推广来增加店铺的业绩。

⑦对于发货后产品差评处理的差异。

由 FBA 所导致的任何中差评，都可以由亚马逊移除，卖家无须操心；使用第三方海外仓所引起的中差评，海外仓服务商则不一定能提供售后与投诉服务，就算提供了，也不一定能够成功消除客户留下的中差评。一般第三方海外仓很少有因物流派送而引起的差评。

⑧对退货支持的差异。

亚马逊是支持客户无条件退换货的，亚马逊 FBA 仓对退回的产品不会再进行任何的鉴定，也不会收取买家的任何费用。就算退回来的产品没有质量问题，亚马逊也不会再次将产品售给第二个买家。这样的退货方式其实是对客户的偏袒，会产生较高的退货率。如果产品被退回，无论是销毁还是寄还卖家，亚马逊都会再另外收取费用。

第三方海外仓，针对退回来的产品，如果产品不存在质量问题，可以替卖家更换标签或者重新包装，然后再次进行销售，能减少卖家的损失。

⑨货物存放风险的差异。

将货物放在海外仓，都存在潜在的安全风险。如果将货物存放在亚马逊FBA仓中，其安全与亚马逊账号安全相关联。如果在亚马逊销售的产品出了问题，账号被亚马逊关闭的话，那么放在亚马逊FBA仓的货物也会被暂时查封；如果将货物存放在第三方海外仓中，则不用担心这个问题。

通过以上的同异比较，不难看出，无论选择亚马逊FBA仓，还是第三方海外仓，都有各自的长处与短处。卖家可以根据自身的实际情况选择使用亚马逊FBA仓还是第三方海外仓。

美森直达

随着国际贸易的多元化，近些年我们一直能听到美森快船这一说法，到底什么是美森快船呢？它又是一种怎样的物流方式呢？带着这些疑问，我来一一为您解答。

1. 美森快船是什么

美森快船特指在FBA运输过程中，中国到美国段的头程海运服务用的MASON（美森）这样一种运输模式。也就是说，美森快船只经营中国和美国之间的船运业务，是由特定的一家船公司进行专业化操作的模式。

2. 美森快船的优势

美森快船有三大优势：

（1）航程快：船开后 11 天到港。

（2）卸船快：自有专用码头 24 小时内卸船。

（3）提柜快：自有拖车 24 小时内可提柜。

可能有人要问盐田快船也就比美森快船慢几天啊，为什么要选美森快船？悄悄告诉你，那是因为美森快船"稳"，美森快船不甩柜。放行条可以等到每周三晚上六点，周三开的船，哪怕周三早上查验了，只要处理及时照样可以上船。再加上美森快船开船几乎不延误，准点率可以达到 98%，每周三开船，周日到港，周一即可提柜。这么稳，除了美森快船还有谁？

3. 美森快船的时效如何保证

一般为了及时装柜，截单时间设定为每周五或者每周六，下周三开船后，第 11 天就能到达美国港口，第 12 天就能提柜并交给美国 UPS 或者联邦快递站点，如果快递站点效率高的话第 13 天就会有提取信息。总体时效，每周三开船美国西部 15～18 天入仓，美国东部 17～20 天入仓。当然了，这是海关不查验的情况，如果海关查验的话就会延误 7～15 个工作日，具体要看查验类型。

美森快船船体较小，最多装 3000 柜，所以速度会快些。另外，美森快船到达的是美国美森专属港口，而其他船公司用的是公用码头，因为不用排队，卸柜提取快速，所以整体时效快。具体分解是：每周三上海开船→开船后 12 天到港→1～2 天卸柜→UPS/Fedex 提取→4～6 天派送签收，整体时效是开船后 17～20 天。

4. 美森快船的价格特点

拼箱货物：海运当中唯一一个可以按照单位千克（KG）来收费的一种计费方式。这类似空运的定价策略，分重量等级来定价，按照淡季、旺季来调整价目表。例如，小于 45 千克的货物有个××RMB/千克，再加上一个

Min（最低）收费标准；45～100 千克会有一个收费标准；100 千克以上会有一个收费标准，以此类推。

整箱货物：因为船期稳定，时效有保证，所以正常的整箱价格是美国航线所有船公司当中最高的，但是比起空运的运价又要低很多，整箱价格介于空运和普通海运价格之间。针对一些特殊商品和时效性要求比较严格的贸易，很多商家还是会选择美森快船。

案例分析

义乌美森模式

美森快船在华东地区应用最为广泛的就是义乌小商品。自从有了 FBA、海外仓这些中转的平台后，义乌小商品更是直接销往全球消费者手中，这样大大降低了中间环节的费用，受益最大的就是消费者。当然普通的义乌小商品市场的商家也是受益者，毕竟不是每个商家都能对接国外大的供应商，而 FBA、海外仓这些中转平台建立之后就给了每个义乌小商品市场的商家均等的机会，只要你想都可以将自己的商品卖到全球去，其中美国是全球经济大国，也是消费大国，这就带动了义乌美森模式。

什么是义乌美森模式呢？由货代或者 FBA、海外仓这些平台搭建运输模式，义乌小商品市场的各种货物通过美森快船运输到美国的 FBA、海外仓这些平台指定的仓库，在仓库进行分拨处理，最后送到美国消费者的手上。这种模式因为以下的特点，广受义乌商家的喜爱。

（1）价格优势：比起单个快递和小包，集中运输大大降低了成本。集中运输就是单一品种的商品可以批量发到国外仓库，这样平均到每一件的物流成本就很低了。另外一个价格优势就是因为这个集装箱是平台和物流公司搭建的，所以可以整合很多商家的商品，合理利用好箱子的每一寸体积，从而降低了每个商家的成本。

（2）报关优势：报关由货代公司统一集中申报，不需要商家单个去申报，而且这样多品名的货物，通过专门的特殊报关渠道报关，省去了很多环节，让商品出口更加简单、便捷。

（3）速度优势：美森快船，用最快的海运来比拼昂贵的空运，这样的速度和性价比还是让大部分商家都能接受的，加上有海外平台的支持，提前备货应对销售旺季，这大大缩短了实际货物到达消费者手里的时间，甚至比单纯的国际间快递更快。

国际小包

1. 国际小包

重量在 2 千克以内，外包装长宽高之和小于 90 厘米，且最长边小于 60 厘米，通过邮政空邮服务寄往国外的小邮包，可以称为"国际小包"。国际小包分为普通空邮（Normal Air Mail，非挂号）和挂号（Registered Air Mail）两种。前者费率较低，邮政不提供跟踪查询服务；后者费率稍高，可提供网上跟踪查询服务。一般 eBay 卖家所销售的电子产品、饰品、配件、服装、工艺品都可以采用此种方式来发货。目前，常见的国际小包服务渠道有：中国邮政小包、新加坡邮政小包、中国香港邮政小包。其中，中国香港邮政小包最受欢迎，它时效最为稳定，售后查询规范，但价格偏高。中国邮政小包价格较低，但送到大部分国家时效不稳定，售后查询周期偏长，丢件基本没有赔偿。

（1）国际小包可以寄送哪些国家和地区

国际小包可以寄送到全球几乎所有国家和地区，有邮局的地方就能到达。

（2）使用国际小包服务有哪些好处

①成本低。相对于其他运输方式（如 EMS、DHL、UPS、Fedex、TNT 等），国际小包服务有绝对的价格优势。采用此种发货方式可最大限度地降低成本，提升价格竞争力。

②简便性。国际小包交寄方便，且计费方式全球统一，不计首重和续

重，大大简化了运费核算与成本控制。

③全球化。国际小包可以将产品送达全球几乎任何一个国家（地区）的客户手中，只要有邮局的地方都可以到达，大大扩展了外贸卖家的市场空间。

（3）邮寄国际小包注意事项

①准寄范围：各种小件物品，货样除禁限寄物品外，都可以做小包寄递。

②封装要求：应按照所寄物品的性质、大小、轻重、寄递路程远近等情况，选用适当的包装材料妥为包装，以便防止以下情况发生：

A. 封皮破裂，内件露出；

B. 对处理人员造成伤害；

C. 污染、损坏其他邮件或邮政设备；

D. 因寄递途中碰撞、摩擦、振荡或压力、气候影响而发生损坏。

少量的柔软、干燥、耐压的物品，如衣服、鞋袜等，可用标准化的多层坚韧纸质封套包装。

其他物品应以坚实的瓦楞纸箱钙塑或金属箱匣封装。使用木箱时，箱板必须平滑，足以使五联单不致在运输途中脱落，且包裹重量在10千克以内的，箱板厚度至少为1厘米，超过10千克的，箱板厚度应为1.5厘米；如以胶合板制成的木箱装寄的，箱板厚度可减到5毫米，但是此类木箱应用打包机加箍。

油腻、腥味和容易反潮物品要先用塑料袋套或蜡纸等妥为裹扎，再用坚固箱匣盛装。

易碎物品应用坚韧的塑料或纸板制成的箱匣封装，内件与箱板之间用柔软物料充分填塞。如果内件不止一件，各件之间也应用适当的物料填塞，以防运输途中因碰撞而损坏。

流质、易融化物品和染色干粉应装入完全密封的容器内，再套以金属、硬塑料或质地结实的瓦楞纸箱，在内外两层之间，须留有空隙，并用木屑、海绵或其他吸湿物料填塞，以备容器破损时能把流质吸尽。

活蜜蜂、水蛭和寄生虫应装在能避免发生一切危险的箱匣内。包裹封面上均应粘贴用明显字体写有"Animaux vivants"（活的动物）字样的签条。

③书写要求：国际邮件封面应用法文、英文或寄达国通用文字书写。如用法文、英文以外的其他国通用文字书写收件人名址时，还应当用中文或法文、英文加注寄达国名和地名。

国际邮件封面书写规格格式，应按照万国邮政联盟的规定办理，收件人名址应写在邮件封面中间靠右部分的一个与邮件长度方向平行的长方形位置，寄件人的姓名、地址应写在邮件封面的左上方或者写在邮件的背面，邮件上只准写一个寄件人地址。收件人名址应用黑色或蓝色的钢笔、毛笔、圆珠笔书写，不可使用红色笔书写。

2. 常见国际小包服务渠道

（1）中国邮政小包

①服务介绍。

中国邮政小包业务是中国邮政合作开展的一项国际邮政小包业务服务，属于中国邮政航空小包的范畴，是一项经济实惠的国际快件服务项目。它包含中国邮政挂号、中国邮政平邮两种服务。

②优势。

A. 价格实惠，中国邮政小包相对于其他运输方式（如 DHL、UPS、FedEx、TNT 等）来说有绝对的价格优势，同时比中国香港邮政小包价格还要便宜。

B. 邮寄方便，可以寄达全球各地，只要有邮局的地方都可以送到（极少数国家地区除外）。

C. 中国邮政小包安全、掉包率低，挂号可在中国邮政网站上全程跟踪。

③价格资费。

A. 中国邮政小包按件计费，计费时将全世界分为四个计费区域，不同代理有不同的折扣和挂号费/处理费。

B. 关税、清关费用。

中国邮政小包出关不会产生关税或清关费用，但在目的地国家进口时有可能产生进口关税，具体根据每个国家海关税法的规定而各有不同。

2012 年 1 月 2 日，接到国家邮政局通知，中国邮政小包除了这些国家如英国、日本、巴西、澳大利亚、法国、韩国、捷克、俄罗斯、加拿大等有优惠外，其他国家全部按原价收取。

④参考时效。

A. 中国邮政小包代理处理时间各有不同，可以询问何时交至中国邮局。中国邮政小包挂号件当日可上网查询。

B. 中国邮政小包具体邮寄时间需根据各国邮政处理速度及海关通关情况而决定，参考时间如下：到亚洲邻国 5 ~ 10 天；到欧美主要国家 7 ~ 15 天；其他国家和地区 7 ~ 30 天。

⑤跟踪查询服务。

A. 中国邮政小包跟踪查询官方网址：http：//intmail. 183. com. cn/item/t . . . ion. do？ action = Enter。

B. 邮包发货完毕，客户一般可以在代理商网站速递系统中"订单列表"的"已发货"状态下找到已发出的订单，并可打开单个订单看到详细的操作记录以及跟踪号。

C. 邮包发出后 1 个月后，如果客户仍未收到，客户可向代理商客服部递交查询需求，同时需填写邮局查询单，中国邮局查询回复正常为 3 ~ 6 个月。中国邮政小包平邮不提供查询服务。

⑥体积重量限制。

A. 中国邮政小包重量限制。

中国邮政小包限重 2 千克，但需要注意，中国邮政小包挂号发往沙特阿拉伯不能超过 1 千克。

B. 中国邮政小包体积限制。

非圆筒货物：长 + 宽 + 高≤90 厘米，单边长度≤6 厘米，高度≥14 厘米，宽度≥9 厘米。

圆筒形货物：直径的 2 倍 + 长度≤104 厘米，单边长度≤90 厘米；直径的 2 倍 + 长度≥17 厘米，长度≥10 厘米。

⑦限制物品。

根据国际航空条款规定的不能邮寄或限制邮寄的所有货物，如粉末、液体、易燃易爆物品等危险品，以及烟酒、现金和有价证券、侵权产品等。

⑧赔偿、保险。

A. 邮局根据申报价值来评估赔偿货物价值，最高为 311 元，挂号费不予以退还，最终赔偿金额以邮局赔偿标准为准。

B. 邮局赔偿运费的 2 倍或 3 倍（指折后运费），挂号费不退，最终赔偿金额以邮局赔偿标准为准。

C. 如包裹证实被海关扣留，邮费及挂号费都不予以退还。

⑨客户订单上传系统要求。

A. 中国邮政小包的货运代号：平邮是 CNAM，挂号是 CNRAM。

B. 中国邮政小包只能贴中国邮政格式的报关单，不能贴中国香港邮政报关单，回邮地址为代理商指定地址。

C. 中国邮政小包开单扣费时需单件称重。

D. 收件人姓名、地址须用英文填写完整。

E. 中国邮政小包报关单上物品、数量、重量及价值须由客户填写。

F. 中国邮政小包报关单上寄件人签名处，客户须签署自己的中文姓名。

（2）中国香港邮政小包

①服务介绍。

中国香港邮政小包（又称："中国香港小包""中国香港邮政国际航空小包"），是中国香港邮政针对小件物品而设计的空邮产品，又称"易网邮"。其前身为"大量投寄挂号空邮服务"，是物流为电子商务卖家提供的又一个国际邮寄方案。中国香港邮政小包包含挂号和平邮两种服务产品，特别适合网上卖家邮寄重量轻、体积较小的物品。目前内地的很多 eBay 和 AliExpress 卖家选择通过中国香港邮政小包发货。

中国香港邮政官方网址为 http：www. hongkongpost. com。

②优势。

A. 价格实惠。相对于其他运输方式（如 EMS、DHL、UPS、FedEx、TNT 等）来说，中国香港邮政小包有绝对的价格优势。

B. 速递快，丢包率低。直接送往中国香港邮政机场空邮中心，而无须经过多个环节的中转，节约了派送时间，同时也降低了丢包率。中国香港邮政小包的离岸处理时间只需要 1~3 天，远远优于中国邮政挂号小包的 2~7 天。

C. 方便。中国香港邮政小包可以将产品送达全球几乎任何一个国家或地区的客户手中，只要有邮局的地方都可以送达，大大扩展了外贸卖家的市场空间。

D. 计费方式全球统一，不计首重和续重，大大简化了运费核算与成本控制。

E. 安全。可于网上查询投寄记录、追查邮件的邮寄情况及邮件的赔偿。派送时要求收件人签收确认，安全更有保障。

③价格资费参考。

平邮：85 元/千克 +2 元/件。

挂号：105 元/千克 +2 元/件 +13 元/件。

例如，120 克的邮件，运费计算如下：

平邮：120/1000 × 85 + 2 = 12.2 元；挂号：120/1000 × 105 + 2 + 13 = 27.6 元。

邮包计费的方式：主要有中国香港邮政小包平邮，中国香港邮政小包挂号（零处理费）。

A. 中国香港邮政小包平邮：0.85 元/10 克。

B. 中国香港邮政小包挂号：1.05 元/10 克，另加 13 元/件挂号费。

④关税、清关费用。

中国香港邮政小包出关不会产生关税或清关费用，但在目的地国家进口时有可能产生进口关税，具体根据每个国家海关税法的规定执行。

⑤参考时效。

中国香港邮政小包参考递送时间一般为 5 ~ 14 天（从中国香港邮局收到包裹后开始计算），若遇到假期，挂号信需延长 2 个工作日。由于各个国家和地区的地方邮政与海关处理的时间长短不一，特别是非洲一些不发达国家，包裹投递时间会长一些。

⑥包装。

A. 重量限制：小邮包限重 2 千克，印刷品限重 5 千克，失明人士刊物限重 7 千克。

B. 体积限制：非圆筒货物：长 + 宽 + 高≤90 厘米，单边长度≤60 厘米，长度≥14 厘米，宽度≥9 厘米；

圆筒形货物：直径的 2 倍 + 长度≤104 厘米，单边长度≤90 厘米；直径的 2 倍 + 长度≥17 厘米，长度≥10 厘米。

C. 包装要求：

a. 每件应由寄件人填写一枚 CN22 报关单签条，粘贴在小包封面的背面。品名申报栏不能仅仅以 GIFT、SAMPLE 等笼统的名称作为品名；

b. 填写报关单时要使用英文、法文或寄达国通用文字，并将小包内每件物品的名称、价值和净重（精确到克）详细、具体地填写在指定位置；

c. 与价值有关的栏目应标明币种，建议用美元（USD）报价；

d. 右下角签名及填写交寄日期；

e. 特许账号，平邮和挂号特许账号不同，必须清楚地分开。如果贴错账号，将被视为邮费不足，邮包被退回；

f. 包装要完好，不要易破损包装，在包装袋外侧除地址标签外，尽量不要贴其他无关标志。对于易碎品，最好外包装上贴有易碎品的标志，在邮包正面的中间位置贴上地址标签。

要写清楚收件人地址和国家，部分易混淆国家须特别注明。例如，Austria（奥地利），Iceland（冰岛）。

地址标签要以合适的比例大小贴于包裹最大面的中部区域。

不得附有非中国香港的回邮地址。

挂号邮件的条码，须贴于地址一面。须平整粘贴。

需要注意，地址及条码最好以透明胶布覆盖，以防水湿、磨损、脱落，导致无法派递或其他问题。

⑦限制物品。

根据国际航空条款规定的不能邮寄或限制邮寄的所有货物，例如，粉末、液体、易燃易爆物品等危险品，以及烟酒、现金、有价证券、侵权产品等。具体请查阅链接：http：//www.hongkongpost.com/chi/publications/guide/content/6.3.pdf。

⑧操作说明。

A. 批量上传文件或是单个录入订单都必须清楚地填写或选择正确的货运代号，否则系统将提示"无法识别货运方式"；

B. 中国香港邮政小包平邮，客户可以不上传到系统，直接用客户自行制作的地址标签即可。

C. 中国香港邮政小包挂号邮件信息客户必须上传到系统。有两种处理方式：一种是上传时，将跟踪号作为客户订单号上传到系统，客户将自行制作的地址标签贴在邮包上；第二种是上传订单信息，并从系统中打印标准格式的地址标签贴于邮包上。

D. 物品描述，申报品名时需要填写实际品名和数量（没有详细的品名，邮局不接受查询），不接受礼物或样品申报。

E. 申报价值，客户可以自己决定填写的金额，建议按货物的实际申报价值填写，以免产生罚金和赔偿纠纷。

F. 收件人地址，中国香港邮政小包可以使用 PO BOX 邮箱地址，也可以邮寄到 APO 等战地邮局的地址（但是发出后邮局不接受查询），填写以上资料必须使用英文。请注意，APO/FPO 地址，选择国家时仍然是美国。

⑨赔偿、保险。

A. 平邮如丢失将不能获得赔偿，如意大利、尼日利亚等国邮包丢包率极高，请最好选用挂号或快递方式。

B. 具体根据申报价值来赔偿，但最高不超过 320 港元，并退还邮费，但挂号费不予退还。

C. 中国香港邮政小包暂不提供保险服务。

⑩退件服务。

A. 退件收费参考：50 元/千克。

B. 退件周期：一周或半月，视退件量而定。

C. 退件处理：退件会先退回中国香港，最后由中国香港进口回深圳总部。退件处理组将按客户 ID 分检退件，优先处理可识别客户的退件；当无法识别客户 ID 时，退件组将逐一登记邮包信息，发给客服部，由客服人员群发邮件，并且在网站上公布出来，让客户来认领邮包。

需要注意，当收件人未通知客户，直接将邮包退回时，从包装上极有可能无法识别客户 ID，避免出现此问题的方法是客人在打包时即放入纸条，写明要求客户直接退回客人的中国地址，这样就不会产生退件费用了。

D. 系统默认的中国香港邮政小包回邮地址为公司在中国香港邮政的 PO BOX 地址；当客户自己有中国香港公司或是有中国香港的退货地址时，邮包地址标签上的回邮地址可以为客人自己指定的中国香港地址，但客户需向客服提交申请，客服会在系统中更改此回邮地址。这样，物流就不会收取客户的退件费用了。

⑪中国香港邮政小包的邮寄格式。

A. 航空邮件信封的写法。

航空邮件信封的写法要按照寄达国习俗写，最好用寄达国文字。如果有邮政编码须写清楚，这是寄达国邮递员投递的最方便、快捷的依据。所有邮包必须有正确的寄件人地址、收件人地址、报关单、航空标签。

a. 寄件人地址。

必须使用我们在中国香港的回邮地址：

From：

    Zhonghuanyun（　　）

    Beautisuccessltd Carpark DD3648

    Container Port Road South Kwai

    Chungnt HONGKONG，CHINA

b. 收件人地址。

英语国家和非英语国家习俗不同，如果用英文书写，基本上为以下格式：

Name　　　　　　　　（收件人姓名）

Address and postal code　　（收件人地址，寄达国家邮编）

Country　　　　　　　（寄达国家）

Tel　　　　　　　　　（收件人电话）

寄达国家后面也可以加上该国国名的本国文（中文）翻译，方便操作人员的分类投递。

c. 报关单。

必须在物品类别（礼物、商用样本、文件、其他）选项前的方格内划上"√"号。

填写内载物品详情及数量、重量（kg）与申报价值。

在"日期及寄件人签署"内签上本人姓名（最好是写上中文名字的汉语拼音）。

d. 航空标签。

贴在航空包裹信封的右上角。

B. 中国香港邮政小包（香港小包）邮寄格式。

a. 挂号件：账号标贴 + 报关单 + 收件人姓名、地址 + 中国香港邮件编号 + 航空标贴。

b. 平邮件：账号标贴 + 中国香港回邮地址 + 航空标签 + 报关单 + 客户订单编码。

⑫中国香港邮政小包邮寄时间。

中国香港是全世界物流发达的地区，每天均有直飞航班到达全世界任意一个过国家和城市。中国香港邮政的航空小包，几乎能做到当天投递，当天上飞机开始运送，大部分国家只需要 5 ~ 12 天，其中到达英国、爱尔兰、美国、加拿大等国家的邮包，有时候只需 3 天。

大致投递时间见表 9-1。

表 9-1　中国香港邮政小包部分国家邮寄时间表

到达国家	运送时间
亚洲国家	3 ~ 7 个工作日
英国、爱尔兰	3 ~ 10 个工作日
美国、加拿大、澳大利亚	5 ~ 12 个工作日
西班牙、希腊、德国等西欧国家	7 ~ 14 个工作日
法国、意大利及其他国家	7 ~ 21 个工作日

以上是根据经验估算的时间，具体运送时间根据当地邮局实际投递时间可能会延长，详情可电话咨询代理商。

⑬中国香港邮政小包业务流程。

A. 客户网上购买货物，卖家发出发货的需求。

B. 卖家在客户端口填写预报单、交接单。

C. 公司上门揽货，并按国家分拣。

D. 之后通过运输、通关到达中国香港的空邮中心，再经过排舱、上机、离港的程序到达全球的各个邮政配货中心。

E. 由各国的邮政进行二、三级分拨，分别按城市、街道分拣，最终送到客户手中。

⑭中国香港邮政小包邮寄常见不规范操作。

A. 包装袋被严重折叠，容易导致货物损坏。

B. 标贴的位置不规范，导致后续工作花费大量的人力、物力。

一般情况下，要确定航空标签、回邮地址、收件人的姓名地址、报关单等的具体位置。一旦确定就要标准化，可以减少后续工作人员的工作量。也可以将几张单证合为一张，以减少人力及避免错误。

有时候会出现账号标贴贴在客户条码上面，影响后续条码的读取的错误操作。

正确的操作是报关单，收件人姓名、地址，航空标签，发件人姓名、地址，账号标签，中国香港邮件条码等标签的位置标准化，使邮件标签整洁，容易读取。

C. 报关单填写不规范，导致扣关情况。

具体的内容应该清晰填写，包括物品类别、名称、数量、价值、发货人的签名等。

D. 无账号标签，导致被误认为邮资未付，被退回。

E. 无航空标签，导致用陆运中转，严重影响时效。

F. 包装袋严重有泡，导致货物重量无形中上升，价格级别上升，邮费上升。应该采用合适的包装材料。

G. 邮包上的单证粘贴不牢固，导致有些单证脱落、损坏，造成后续退件的后果。

⑮中国香港邮政小包可投递的国家及挂号邮件查询。

美国、巴西、加拿大、瑞士、芬兰、爱尔兰、克罗地亚、马耳他、新加坡、英国（网站一般都不稳定，有时候有信息，有时候没有信息）、新西兰、西班牙、葡萄牙、卡塔尔、马来西亚、以色列、保加利亚、日本、乌克兰、印度尼西亚、中国台湾等国家和地区可查询有关挂号邮件/包裹的离港资料和派件详情。离港状况查询网址为 http：//www. hongkongpost. com。可以查询派件详情的国家和地区的网址如下：

加拿大，https：//obc. canadapost. ca/emo/basicPin. do？ language = en。

爱尔兰，http：//track. anpost. ie/track. html。

韩国，http：//service. epost. go. kr/iservice/ems/ems_ eng. jsp。

马耳他，http：//trackandtrace. maltapost. com/TrackAndTrace. asp。

新西兰，http：//www. nzpost. co. nz/Cultures/en – NZ/OnlineTools/TrackAndTrace/。

葡萄牙，http：//www2. ctt. pt/feapl/jsp/pesqobjectos/public/pesqobjectosform. jsf？ lang =01。

卡塔尔，http：//www. imolink. net/qpost/ttchmail/tracktrace. htm。

新加坡，http：//www. singpost. com/ra/ra_ article_ status. asp。

中国台湾，http：//postserv. post. gov. tw/WebMailNslookup/ChII_ Certified-Mail. html。

美国，http：//www. usps. com/shipping/trackandconfirm. htm。

西班牙，http：//www. correos. es/ENG/13 – MenuRec2/01 – MenuRec21/2010_ c1 – LocalizadorE. asp。

挪威，http：//www. posten. no/en/。

丹麦，http：//www. postdanmark. dk/tracktrace/indexUK. jsp。

澳大利亚，http：//www. auspost. com. au/。

土耳其，http：//www. ptt. gov. tr/en/interaktif/kayitliposta – yd. php。

更多查询工具见 http：//link. fobshanghai. com/。

（3）新加坡邮政小包

①服务介绍。

新加坡邮政小包业务是新加坡邮政开展的全球邮政小包业务服务，它包含新加坡邮政国际小包挂号、新加坡邮政国际小包平邮两种服务产品。新加坡邮政小包和中国香港邮政小包服务一样是针对小件物品的空邮产品，可寄达全球各个邮政网点。

新加坡邮政官方网址为 http：//www. singpost. com/index. htm。

②优势。

A. 价格合理：相对于其他运输方式（如 DHL、UPS、Fedex、TNT 等），新加坡邮政小包服务有绝对的价格优势；

B. 速递优势：从深圳直飞新加坡，再由新加坡转寄到全球各个国家，无须在新加坡二次清关；

C. 安全：新加坡邮政提供的国际小包服务产品是世界认可的优质服务产品，到达多数国家的正常运输时间仅需 10 ~ 18 个工作日，且掉包率低，既快速又安全。

③价格资费参考。

A. 运费计算。

平邮：100 元/千克 + 2 元/件（处理费）。

挂号：120 元/千克 + 2 元/件（处理费）+ 12 元/件（挂号费）。

B. 关税、清关费用等。

新加坡邮政小包出关不会产生关税或清关费用，但在目的地国家进口时有可能产生进口关税，具体根据各个国家海关税法的规定各有不同。

④参考时效。

参考递送时间一般为 10 ~ 18 个工作日，若遇到假期，挂号邮件需延长 2 个工作日，平邮则需要再延长 10 个工作日。

⑤跟踪查询服务。

A. 邮包发货完毕，客户可以在代理商速递系统"订单列表"中的"已发货"状态下找到已发出的订单，并可打开单个订单看到详细的操作记录以及跟踪号。

B. 新加坡邮政挂号可以在新加坡邮政网站上进行跟踪，但新加坡邮政平邮则不能。

C. 邮包离开代理商 1 ~ 2 个工作日即可在新加坡邮政网（http：//www. singpost. com/ra/ra_ article_ status. asp）查询新加坡邮政收货记录，但跟踪及签收记录需要在新加坡邮政网各国查询链接网址上查询。

D. 客户如果需要查询挂号包裹，请向代理商客服部递交查询需求，新加坡邮局回复时效为半个月~3 个月；平邮不提供查询服务。

⑥体积和重量限制。

A. 重量限制：小邮包限重 2 千克。

B. 体积限制：方形货物：长 + 宽 + 高≤90 厘米，单边长度≤60 厘米；圆轴形货物体积限制：直径的 2 倍 + 长度≤104 厘米，单边长度≤90 厘米。

⑦限制物品。

国际航空条款规定的不能邮寄或限制邮寄的所有货物，例如，粉末、液体、易燃易爆物品等危险品，以及烟酒、现金、有价证券、侵权产品等。

⑧赔偿、保险。

A. 平邮物品如果丢失不能获得赔偿，例如，意大利、尼日利亚等国的邮包丢包率极高，最好选用挂号或快递方式。

B. 根据申报价值来赔偿，但最高不超过 280 元，且不可以退邮费；挂号费不予退还。

C. 新加坡邮政小包不提供保险服务。

D. 若在交给邮局之前遗失的：按照申报价值赔偿，最高赔偿不超过 50元/票。

⑨退件服务。

A. 退件收费：60 元/千克。

B. 退件周期：一周或半月，视退件量而定。

C. 退件处理：退件会先退回新加坡回邮地址，再由新加坡退回中国香港，最后由中国香港进口回深圳。退件处理组将按客户 ID 分检退件，优先处理的是可识别客户的退件；当无法识别客户 ID 时，退件组将逐一登记邮包信息，发给客服部，由客服人员群发邮件，并且在网站上公布出来，让客户来认领邮包。

需要注意：当收件人未通知客户，直接将邮包退回时，从包装上极有可能无法识别客户 ID，避免出现此问题的方法是客人在打包时即放入纸条，写明要求客户直接退回客人的中国地址，这样就不会产生退件费了。

⑩客户订单上传系统要求。

A. 新加坡邮政小包的代理商货运代号：平邮是 SGAM，挂号是 SGRAM。

B. 批量上传文件或是单个录入订单都必须清楚地填写或选择正确的货运代号，否则系统将提示"无法识别货运方式"。

C. 新加坡邮政小包平邮和挂号都需要将客户订单信息上传到代理商系统；直接从代理商系统打印出平邮标签、挂号标签、CN22 报关单。

D. 物品描述：申报品名时需要填写实际品名和数量（没有详细的品名，

邮局不接受查询)。不接受礼物或样品申报。

E. 申报价值：客户可以自己决定填写的金额，建议按货物的实际价值申报，以免产生罚金和赔偿纠纷。

F. 收件人地址：新加坡邮政小包可以使用 PO BOX 的邮箱地址，也可以邮寄到 APO 等战地邮局的地址（但是发出后邮局不接受查询)。新加坡邮政小包到美国战地邮局（APO／FPO）只提供平邮服务，不提供挂号服务。填写以上资料必须用英文填写。请注意，APO/FPO 地址，选择国家时仍然是美国。

⑪客户订单包装要求。

包装及粘贴 label 标签和 CN22 报关单的要求：

一是要用纯色的包装袋或者纸箱包装；二是 label 标签贴于包裹正面正中间位置（见图 9-1)，CN22 报关单贴于 label 标签右边或包裹背面位置（见图 9-2)。

特别提醒，因为包裹不通用，只能使用新加坡邮政的包裹。

图 9-1　label 标签所贴包裹位置

图 9-2　CN22 报关单所贴包裹位置

label 标签样式（见图 9-3）及说明如下：

图 9-3　label 标签样式

A. 包裹无法派送时退回到新加坡公司的地址；

B. 航空运输标志；

C. 新加坡邮政特许号码；

D. 邮票，表明邮资已付；

E. 分区标志；

F. 收件人信息；

G. 系统自动分配的条形码，方便识别；

H. 挂号信标志；

I. 挂号条码，可在新加坡邮局网站查询。

CN22 报关单标签样式（见图9-4）及说明：

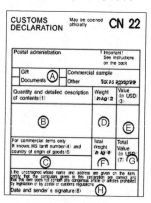

图 9 - 4　CN22 报关单标签样式

A. 物品类别；

B. 物品详细名称及数量；

C. 物品 HS 编号及原产地（仅用于商业用途的货物）；

D. 单件物品重量；

E. 单件物品价值；

F. 物品总重量；

G. 物品总价值；

H. 日期及寄件人签名。

需要注意：客户打印出 CN22 报关单后，要在①处正确的地方打钩；客户确认无误后签名和注明发货日期。

以上介绍了几种最常用的国际小包模式和注意事项，小包不仅仅于此。国际小包的应用主要就是为了节约物流成本，用与国内快递差不多的价格发国际小包，更加促进多种贸易方式的发展。

第三部分
DI-SAN BUFEN

货代高手必备技巧
HUODAI GAOSHOU BIBEI JIQIAO

 讲完了略显枯燥无味的专业知识，下面开始讲实用性较强的技巧，希望能够给您的工作带来帮助。

第十章 如何与相关环节的人员打交道

货代工作的相关环节很多，其中最重要的是与外贸公司和有进出口业务的工厂相关的环节，这是货代利润的来源，也是货代的生存之本。当然还有很多其他必要的环节，如海关、承运人、代理等，下面我们一一讲述。

货代业务员与外贸业务员——微妙的上下游关系

货代与外贸，相辅相成。虽然外贸人相对于货代是客户，但是换个角度讲也是朋友。大家都是同属于国际贸易中的一个环节，少了哪一个都不行。外贸业务员有订单相应的货代业务员才有业务，只有货代业务员把外贸业务员先期的订单安全、稳定地承运好，才能给外贸业务员带来更大的、持续的订单，货代业务员也就能有持续的业务。

1. 货代业务员必须掌握的外贸知识

既然货代和外贸是相辅相成的，那么货代业务员必须掌握部分外贸知识才能更好地服务于外贸工作。主要有以下几个部分：外贸的成交条款、外贸的付款条款、外贸的单证情况。

（1）外贸的成交条款

最常用的四种贸易术语：FOB、CIF、DDU、DDP。

①FOB。

FOB 是指卖方码头交货，越过船舷就由买方承担一切风险。对于货代来讲，这部分的货物只有内陆段的一块可以操作，也就是俗话说的拖车和报关，相对来说利润有限。但绝不是说可以放弃开发 FOB 外贸的货代业务，因为这可以开发卖方的国外收货人。如果能够达成一致，收货人可以指定由货代来负责承运货物，国内以外段运费需要向国外收货人收取，这也就是国外指定货代的由来了。

②CIF。

CIF 是指货物运输至目的港交货，在货物越过目的港船舷前，包括国内运输、国内清关、海洋（航空）运输，及海洋（航空）运输的基本保险都是由发货人负责承担。这也是大多数货代所开发的国内客户的主要业务，国际段的运输也是货代利润的主要来源。

③DDU。

DDU 是在 CIF 基础上衍生出来的，货物一直从国内发货人到发货人所提供的国外收货人具体地址的全程运输，包括发货人国内运输、国内清关、海洋（航空）运输、海洋（航空）保险及收货人国内清关，送货到客户手上，除了国外产生的货物税收以外的所有费用都是由卖方承担。这一条款对货代的要求也相应要高一些，必须在目的港有自己的合作货运代理才能完成国外段的运输。

④DDP。

DDP 这个条款是在 DDU 的基础上增加出来的，就是发货人负责货物送至收货人手上的所有费用，包括税费部分。这个条款对货代的风险也是比较大的，特别是税费上面，很难控制。各个国家对进口货物的进口关税是不一样的，稍有差错，会让自己和发货人承受比较大的损失。

案例分析 -----------------------------------

DDP 真实案例

A（工厂）委托B（货代公司）承运一批货物，成交条款是DDP，产品是电瓶车（不含电瓶），A要向C（国外客户）收取国外段的运费，所以先向B询价。B按照程序将C的信息及产品信息发邮件给D（国外代理）询价，D回复了费用，但是税费这部分写的是："AT COST"（实报实销）。B知道A需要所有的费用是包含税费，所以按照比一般产品稍微高些的税率估计货值（6000美元）需要5%的税费，也就是300美元左右，于是连同其余的费用全部报给A。A就向C收取了这么多费用，然后把货物托给B运输。按照一般的流程，这批货物已经顺利地完成了交接，B也取得了不错的利润。但是当货物到达目的港清关、缴税、送货后，B看到国外寄过来的账单就惊讶了。因为电瓶车在国外的增值税达到了货值的20%，而此时A已经向C收取了所有费用，里面的税费只有货值的5%，相差很大，B也不可能再去向A收取其余15%的税费了，因而，直接导致自己损失了15%税费上的差价，折合6000元左右。

分析：上述案例中的错误经常会发生，因为在国际贸易中，一般会收取所有费用后才能做DDP的运输，否则万一买方收到货物以后不付运费，那么卖方承担的风险更大。所以货代业务员在报DDP的费用时，特别是涉及税费的，尽量要有百分之百的把握才可以不写"AT COST"。对外贸人而言，在DDP条款下尽量给自己留下足够的余地，特别是遇到一些特殊货物的时候，最好跟客户商量最后的税费由他自己出，做DDU的条款。

（2）外贸的付款条款

目前最流行的就是T/T（电汇）和L/C（信用证）。

①T/T。

做T/T的外贸一般对货代这边要求的配合比较简单，不会有一些苛刻的条款来考验货代。货代业务员只需要了解一下发货人有没有特别的要求，就可以直接承接运输货物了。

②L/C。

做 L/C 的外贸，货代要特别仔细，因为涉及外贸人的货款能否收回的问题。出运前最好能和外贸人一起把 L/C 上要求的承运人的一些信息了解清楚，尽量配合好外贸人按照 L/C 的要求去运输，签发提单。例如，在 L/C 上经常会要求不得使用悬挂××国家国旗的船只，一定要船公司提单，开航日期一定要在××××年××月××日之前，要有船龄在 10 年以内的船公司证明等。如果不看清 L/C 所规定的这些运输附加条款，不按照 L/C 条款交单，开证行就有权拒绝支付货款，这会给发货人带来很大的麻烦。

（3）外贸的单证情况

外贸中需要提供正常的进出口报关资料（报关知识中已经提及过，这里就不再叙述）；向收货人提供的资料，主要包含提单、发票和箱单，有时还需要提供原产地证、使领馆认证等；向海关提供的资料、核销单这类单据预先要在海关和企业相连的电子口岸中备案，手册出口的货物也需要提前做好手册的申请工作，需要商检的货物在出运前一定要做好商检，还有其他一些特殊物品或者特殊的贸易方式，都需要提前把相关资料递交海关审核，审核通过后才能正式申报出口。

其实作为一名货代人，还需要了解很多的外贸知识，例如，外贸人找客户的途径，怎样发送开发信，怎样和国外客户沟通，怎样订立外销合同等。甚至当你某一天离开货代行业时，都可以直接进入外贸行业，这样才真的能做到和外贸人相通，也就真的了解了外贸人的需求，能更好地做好自己的本职工作。

2. 外贸人必须了解的货代知识

（1）提单知识

海运提单可分为货代提单（House Bill）和海运提单（Ocean Bill）两种。

货代提单，顾名思义，是指由货运代理自己签发的提单，一般指定收货人是目的港的代理，而不是直接收货人，物权暂时是掌握在代理手中。所以在目的港，收货人需要和代理换取船公司提单才能提取货物。拼箱基本都是货代提单，因为指定集装箱内货物属于很多家客户，到了目的港需要拆分，通知每个收货人，这部分工作都是由目的港代理来完成的。整箱部分美加航线一般都需要出货代提单，这个属于贸易国之间的固有形式，并且美加航线还需要提前发送 AMS（收货人、货物的品名、件数、体积等）信息至目的国。除美加航线外的货代提单一般根据船公司和货代之间的约价，有比较大的价格优惠。海运提单，是指船公司出具的，收货人就是直接客人的提单，目前除了美加航线以外，基本客人都比较认可海运提单，毕竟物权控制在自己手里。加上国际上的一些贸易规定，例如，信用证等会要求出具海运提单，海运提单也是整箱中目前最流行的一种提单形式。

不管是货代提单还是海运提单，都会涉及正本提单和电放提单的区分。这里必须讲述一下，只有这样才可以使自己的风险降到最低。

正本提单是比较安全的一种提单，收货人只有在拿到正本提单以后才能去清关提货，一份正本提单对应一票货物。只有国内卖方将正本提单通过国际快递寄送至客户手里，收货人在货物到达目的港以后凭正本提单加上必要的清关资料才能提取货物。一般外贸的 CIF 付款条款 T/T（电汇）都是前期付部分款项，等到船开后拿到提单，给客户传真了提单，客户会把余款汇给卖方，卖方在银行收到货款后再将提单邮寄出去。

电放提单是由正本提单演化而来的一种比较方便的提货形式，即提单上盖有（SURRENDER、TELEX RELEASE）字样的电放章，客户凭借提单传真件，加盖企业公章，加上必要的清关文件就可以提货了。相比正本提单，省去了邮寄的烦琐，相应也增加了风险。如果在收款之前不小心将电放提单传真给国外客户，有可能会导致余款收不回来，因为电放提单的传真件本身就有物权效力。

提单样式见图 10-1、图 10-2。

EVERGREEN LINE
A Joint Service Agreement

BILL OF LADING
NOT NEGOTIABLE UNLESS CONSIGNED TO ORDER
ORIGINAL

(2) Shipper/Exporter (complete name and address) A CO.,LTD. No.101,SICHUAN NORTH ROAD,KUNSHAN CITY, JIANGSU PROVINCE P.R.OF CHINA. TEL:12345678　　　Shipper code	× × × × × ×
(3) Consignee(complete name and address)/(unless provided other wise,a consignment To Order means To Order of Shipper) PPG INDUSTRIES FIBER GLASS BV RIJKSWEG WEST 22 9608 PC WESTERBROEK THE NETHERLANDS TEL: 0000000	(5) Forwarding Agent
(4) Notify Party(complete name and address) J.C.MEIJERS EEYPLAATWEG 10 3089 JC ROTTERDAM THE NETHERLANDS ATTN:MR.S.KOLBERG　　　Notify code	(6) Point and Country of Origin (for the Merchant's reference only) (7) Also Notify Party (complete name and address)

(9) Pre-carriage by	(10)Place of Receipt/Date SHANGHAI	In witorre what for. the woderol order, on donals of the carrlor and vannol Prolidor, evargoon Marlno Corp.(Talwan)Ltd.,noe alond the number of bill(a) of trding atatad below, all of them tanor and ante, dow of which being accomphod, the others to atadd vols.
(11) Ocean Vessel/Voy.No. CSCL LE HAVRE 0033W	(12)Place of loading SHANGHAI	(8) Onward Inland Routing/Expart Instructions (for the Merchant's reference only)
(13) Port of Discharge ROTTERDAM	(14)Place of Delivery ROTTERDAM	

porticulars furnished by the Merchant

(15) Container No. and Seal No. Marks & Nos.	(16) QUantity And kind of packagcs	(17) Description of Goods	(18) Measurement(M) Grass Woiphr (KGS)
CONTAINER NO./SEAL NO. EISU3853007/20' /EMCDYY8748/16 PPG INDUSTRIES 300962 ROTTERDAM C/NO:1-16 MADE IN CHINA	1 X 20'	PALLETS GLASS FIBER YARN ORDER NO: 600962 14DAYS FREE DETENTION TO BE ALLOWED AT DESTINATION **FAX:31-598-313-627 EVERGREEN SHIPPING AGENCY (NETHERLANDS) B.V. (ROTTERDAM OFFICE) OUDELANDSEWEG 33, HOOGVLIET, THE NETHERLANDS, P.O.BOX 418 *THE BALANCE OF BILL OF LADING SEE ATTACHED LIST * TOTAL NUMBER OF ATTACHED 1 PAGE "OCEAN FREIGHT PREPAID " SHIPPER'S LOAD & COUNT 16 PALLETS	20.0000 CBM 8.200.000 KGS (20) Declared Value S _____ If Merchant enters actual value of Goods and pays the applicable ad valorem lariff cate.Carrier's package limita-tion shall not apply
(19) TOTAL NUMBER OF CONTAINERS OR PACKAGES (IN WORDS) 159862	ONE (1) CONTAINER ONLY		

(21) FREIGHT & CHARGES	Revenue Tons	Tate AS ARRANGED	Per	Prepaid AS ARRANGED	**ON BOARD** SHANGHAI(10) 上海××国际船务代理有限公司 Chlna××× INTERNATIONAL SHIPPING AGENCY LTD.	Collect

(22) B/L NO. EGLV × × ×	(24) Number of Original B(s)/L THREE (3)	(26)Prepaid at SHANGHAI	(27)Collect at AS AGENT.(10)
(23) Service Type/Mode FCL/FCL O/O	(25) Place of B(s)/L Issue/Date SHANGHAI JUL.31,2009 (30) Laden on Board JUL.31, 2009 CSCL LE HAVRE 0033W SHANGHAI	(28)Exchange Rate	(29)Exchange Rate

FORM NO.DOC-1-004-02(TERMS OF BILL OFLADING ARE CONTINEED OX THE BACK HERFOE AND)
ENLARGED VERSION OF BACK CLAUSE IS AVAILABEE ON www.evergreen-lccte.com

AB agent for the carrier and the vessel provider Evergreen Marlne Corp.(Talwan)Ltd.
doing bueinees as "Evergreen Line"
(1)

图 10-1　海运提单样式

I.C.E.TRANSPORT CO.,INC.
3826 PARK AVENUE · EDISON, N.J.08820
"Your Total Transportation corporation"

I.C.E.

UNIMODAL/INTERMODAL
INTERNATIONAL BILL OF LADING

SHIPPER/EXPORTER A CO.,LTD.NO.101,SICHVAN NORTH ROAD,SHANGHAI	BOOKING NO. SHAULGB0901353 B/L # DXSE2009070159
	EXPORT REFERENCES
CONSIGNEE TO ORDER OF C PRODVCTS CORP.	FORWARDING AGENT REFERENCES
	COUNTRY OF ORIGIN:
NOTIFY PARTY (CARRIER IS NOT RESPONSIBLE FOR FAILURE TO NOTIFY) CPRODUCTS CORP. CIVIC OPERA BUILDING 20 N. WACKER DR.,SUITE 1028. CHICAGO,ILLINOIS 60606 USA	FOR DELIVERY OF GOODS PLEASB AFRL B CO.,INC. ADRESS.3826 PARK AVENEU EDISON N.J.08820 TEL: × × ×FAX: × × × EMAIL:× × ×@ICETRANSPORT.COM

PRE CARRIAGE BY:	PLACE OF RECEIPT:	**ORIGINAL**
VESSEL: SHANGHAI BRIDGE/58E	PORT OF LOADING SHANGHAICHINA	
PORT OF DISCHARGE LONG BEACH.USA	PLACE OF DELIVERY LONG BEACH,USA	RECEIVING TERMINAL/ON CARRIAGE BY

PARTICULARS FURNISHED BY SHIPPER

MARKS AND NOS/CONTAINER NO.	NO.OF PKGS	DESCRIPTION OF PACKAGES AND GOODS	GROSS WEIGHTS KILOS POUNDS	MEASUREMENTS CU.FT. CU.MT.
	101 COILS	SHIPPER'S LOAD,STOW,WEIGHT AND COUNT	744,830.0000KGS 510.0000CBM	
SEE ATTACHED KOPC/15568 MADE IN CHINA ITEM NO C00068 KOPC/15572 MADE IN CHINA IT EM NO C00102 KOPC/15567 MADE IN CHINA IT EM NO C00034 KOPC/15571 MADE IN CHINA IT EM NO C0009		PRIME ELECTROLYTIC TIN FREE STEEL 34 × 20GP CY-CY ON BOARD DATE:24 JUL,2009 FREIGHT PREPAID		ON BOARD
		SAY TOTAL ONE HUNDRED AND ONE COILS ONLY		

NON NEGOTIABLE UNLESS CONSIGNED TO ORDER

REIGHT PAYABLE AT ―――――
U.S.dollars or equivalent at current rate of exchange at place and date of shipment.

UMBER OF ORIGINAL BILLS OF LADING ISSUED ―――――

"EXPORT"
RECEIVED by the CARRIER from the MERCHANT in AppARENT GOOD ORDER AND CONDITION unless otherwise provided herein,the GOODS,or the CONTAINER(S) or PACKAGE(S) said to contain the cargo herein mentioned, to be carride subject to all termsand conditions provided for on the face and back of this document by the VESSEL namedherein or any substitute at the CARRIER'S option and/or other means of transport from the place of receipt or the port of loading to the port of discharge or the place of delivery shown herein and there to be delivered in accordance with the provisions of this document.
ATTENTION IS DRAWN TO THE SPECIAL PROVISIONS OF THIS DOCUMENT APPLICABLE WHEN ISSUED AS NON-NEGOTIABLE AND WITHOUT LIMITATION THOSE IN CLAUSE 1,
7, and 20 OVERLEAF
In accepting this document the MERCHANT agrees to be bound by the specifications, exceptions,terms and conditions on the face and back hereof whether written,typed,stamped or printed as followed as if signed by the MERCHANT,anything to the contrary not withstanding,and agrees that all claims or freight engagements in or in connection with the carriage of the goods are superseded by this document in WITNESS whereof signed as marked above,either the original of this document if issued as a non-negotiable receipt, or the number of original bills of lading as stated above,all of this tenor and date,one of which being accomplished, the others to stand void.

"IMPORT"
Consignees or agents to pay charges on CUSTOMER'S INVOICE.Any charges for equipment,cartage,transfer to points beyond terminal,penalty,storage,delays or any other costs are payable by the cargo at current rates. Consignees should confirm goods are released by Customs and Ocean Carrier before delivery can be arranged. No claim for damages will be entertained by CARRIER unless Agent notified to attend survey before goods removed from Terminal. Condition of contents of full containers is Shipper's/Consignee's responsibility.
"IMPORTANT NOTICE"
CONTAINER TRAFFIC
It is the consignee's interest to arrange prompt discharge of containers with in the free time allowance otherwise demurrage in accordance with Tariff regulations must be assessed.
LCL Cargo subject to storage charges after free time at current rates.

VALUE ―――――AD VALOREM CARGO.Value of goods may be declared provided MERCHANT gives prior notice and agrees to pay greater freight on an ad valdrem basis.See clause 10 (3) hereof.

B.TRANSPORT CO.,INC.
(D/B/A INTERCONTINENTAL EXPRESS)

By ―――――――― Dated 2009.7.24
Agent for the Carrier

图 10-2　货代提单样式

案例分析 -

　　曾经有一个客户，通过货代公司承运一个集装箱的货物去目的国。客户做的是 T/T 的付款方式，先期客户付了 30% 的货款，约定等到货物生产完成，装运上船后，看到传真件付余下的 70% 货款。前期一切都很顺利，等到出提单的时候客户要求出具电放提单，外贸业务员也没有太注意，出了保函给货代业务员，将提单做成了电放提单。为了收到货款，该外贸业务员肯定需要将传真件发给客户，证明货物已经上船，才能向客户收取余款。因此，外贸业务员就将电放提单传真给国外客户，结果客户在收到电放提单后就没有付余下的货款，导致卖方承受了巨大的损失，外贸业务员自身也承担了相应的赔偿责任。

　　分析： 如果此业务员能预先知道电放提单所存在的风险，在客户没有付款前可以不做电放提单，只要求货代业务员出具一张提单样本，以供他传真给客户。等收到客户的余款后，再将提单进行电放操作，这样就可以避免不必要的损失。因为样本传真给客户的话，不具备真正的物权，即使客户不付款，货物已经出运，卖方仍然可以再将货物运回，先期客户的 30% 货款用作运费。这种情况下，即使损失，也不至于损失很严重。

　　空运单有直单和分单之分，直单也就是相对海运里面的海运单，是航空公司直接出具的运单；分单则是指货代出具的货代单，到目的港后，货代的目的港代理会通知收货人提货。空运直单和分单的转换很频繁，没有太多的限制，有时出了分单，发货人要求出直单也是可以更改的。空运讲究的是时效，所以空运单并不是物权凭证，有时只需要有运单号就能提取货物。

　　空运直单、分单的样式分别见图 10-3、图 10-4。

784 | PVG 5353 8634

784-5353 8634

Shipper's Name and Address	Shipper's Account Number
SHANGHAI A CO.,LTD.301,NO.× × × QIXIN ROAD,SHANGHAI,CHINA TEL: × × × FAX: × × ×	

Not negotiable

Issued by

中国南方航空股份有限公司
CHINA SOUTHERN AIRLINES CO.,LTD.

Copies 1, 2 and 3 of this Air Waybill are originals and have the same validity

Consignee's Name and Address	Consignee's Account Number
× ×INDUSTRIAL CO.,LTD. LOT 32,ROAD B,LINH TRUNG EXPORT PROCESSING ZONE BINH CHIEU WARD,THU DUC DIST,HO CHI MINH CITY,VIETNAM TEL: × × × FAX: × × ×	

It is agreed that the goods described herein are accepted in apparent good order and condition (except as noted) for carriage SUBJECT TO THE TERMS AND CONDITIONS OF CONTRACT ON THE FRONT AND REVERSE HEREOF SHIPPER'S ATTENTION IS DRAWN TO THE NOTICE CONCERNING CARIER'S LIMITATION LIABILITY. FOR LOSS, DAMAGE OR DELAY TO CARGO. Shipper may increase such limitation of liability by declaring a higher value for carriage and paying a supplemental charge if required.

Carrier's Name RHENUS IHG ASIA LIMITED

Accounting Information

IATA Code	Account No.

Place/Airport of Departure and requested Routing
SHANGHAI,CHINA

FREIGHT PREPAID

To	By	Routing and Destination	To	By	To	By	Currency	CHGS Code	WT/VAL PPD COLL	Other PPD COLL	Declared Value for Carriage	Declared Value for Customs
CAN	CZ		SGN				CNY		P	P	N.V.D.	N.C.V.

Place/Airport of Destination	For Carrier Use Only	Flight/Date	Amount of Insurance
HO CHI MINH	Flight/Date	CZ3526/2009-08-06	

INSURANCE─If carrier offers insurance, and such insurance is in accordance with conditions on reverse hereof, indicate amount requested insured in figures in box marked "amount of insurance". ount to be

Handling Information

No. of Pieces RCP	Gross Weight	Rate Class	Commodity Item No.	Chargeable Weight	Rate / Charge	Total	Nature and Quantity of Goods (incl. Dimensions or Volume)
9 CTNS	300			300.0	21.43	6,429.00	HANGTAGS&DISCOUT STICKERS
							DIM: 0.370 CBM

Prepaid	Weight Charge	Collect	Other Charges
6,429.00			AWC 50.00 MYC 600.00

Valuation Charge

Tax

Shipper certifies that the particulars on the face hereof are correct and that insofar as any part of the consignment contains dangerous goods, such part is properly described by name and is in proper condition for carriage by air according to the applicable Dangerous Goods Regulations

Total Other Charges Due Agent

Total Other Charges Due Carrier
650.00

Signature of Shipper or its agent

Total Prepaid	Total Collect
7,079.00	

Currency Conversion Rate	Cc Charges in Dest. Currency

05Aug'2009   SHANGHAI,CHINA

	Charges at Destination	Total Collect Charges
For Carriers Use Only at Destination		

Executed on   (Date)   at   (Place)   Stamp and Signature of Carrier or its agent

× × ×

ORIGINAL 2（FOR CONSIGNEE）

图 10-3　空运直单样式

空运分单

MASTER AIRWAY BILL NO.		HOUSE AIRWAY BILL NO.
× × ×		NO.- × × ×

Shipper's Name and Address	Shipper's Account Number
A TRADE CO.LTD.	

Not negotiable
Air Waybill
(Air Consignment note)
Issued By

SMILE CARGO

Consignee's Name and Address	Consignee's Account Number
HARVEY HUTTER&CO.,INC. (PO BOX× × ×)123TH STREET VERPLANCK,NY × × × P:× × × F:× × ×	

上海 × × 国际货物运输代理有限公司
SHANGHAI SMILE CARGO SERVICE CO.,LTD.
Copies 1, 2 and 3 of this Air Waybill are originals and have the same validity

Carrier's Name SHANGHAI SMILE CARGO SERVICE CO.,LTD.

It is agreed that the goods described herein are accepted in apparent good order and condition (except as noted) for carriage SUBJECT TO THE CONDITIONS OF CONTRACT ON THE REVERSE HEREOF.ALL GOODS MAY BE CARRIED BY ANY OTHER MEANS INCLUDING ROAD OR ANY OTHER CARRIER UNLESS SPECIFIC CONTRARY INSTRUCIONS ARE GIVEN HEREON BY THE SHIPPER,AND SHIPPER AGREES THAT THE SHIPMENT MAY BE CARRIED VIA INTERMEDIATE STOPPING PLACES WHICH THE CARRIER DEEMS APPROPRIATE.THE SHIPPER'S ATTENTION IS DRAWN TO THE NOTICE CONCERNING CARRIER'S LIMITATION OF LIABILITY.Shipper may increase such limitation of liability by declaring a higher value for carriage and paying a supplemental charge if required.

Accounting Information

AGENT:× × × LOGISTICS
NEW YORK
× × × 182ND STREET JAMAICA,NY × × ×
TEL:× × ×   FAX:× × ×
ATTN:danny

IATA Code	Account No.

FREIGHT COLLECT

Place/Airport of Departure and requested Routing
SHANGHAI,CHINA

To	By first Carrier	Routing and Destination	To	By	To	By	Currency	CHGS Code	WT VAL PPD COLL	Other PPD COLL	Declared Value for Carriage	Declared Value for Customs
NYC	CO						USD		C	C	N.V.D.	

Place/Airport of Destination	Flight/Date	For Carrier Use Only / Flight/Date	Amount of Insurance
NEW YORK		CO086/2009-08-01	

INSURANCE –If carrier offers insurance, and such insurance is requested in accordance with conditions on reverse hereof, indicate amount to be insured in figures in box marked "amount of insurance".

Handling Information

No of Pieces RCP	Gross Weight	Rate Class / Commodity Item No.	Chargeable Weight	Rate / Charge	Total	Nature and Quantity of Goods (incl. Dimensions or Volume)
20 CTNS	352		359.0	AS ARRANGED		N.Y."HEARTS"PJ TANK PANTS PARKS:NY PJ TANK PANTS SIZE: C/NO:- MADE IN CHINA
						VOL: 2.150 CBM

Prepaid	Weight Charge	Collect
	AS ARRANGED	
	Valuation Charge	
	Tax	
	Total Other Charges Due Agent	
	Total Other Charges Due Carrier	

Other Charges

Shipper certifies that the particulars on the face hereof are correct and that insofar as any part of the consignment contains dangerous goods, such part is properly described by name and is in proper condition for carriage by air according to the applicable Dangerous Goods Regulations

BETTY
Signature of Shipper or its agent

Total Prepaid	Total Collect
	AS ARRANGED
Currency Conversion Rate	Cc Charges in Dest. Currency

Executed on	(Date)	at	(Place)	Stamp and Signature of Carrier or its agent
01Aug,2009			SHA	

For Carriers Use Only at Destination	Charges at Destination	Total Collect Charges

ORIGINAL 2 (FOR CONSIGNEE)

图 10-4 空运分单样式

空运相比海运更快捷、便利，也没有很多的限制条件，但是相应的风险也就增加了。特别在空运单这一环节上，海运提单是物权凭证，得不到提单，货物是不能被提取的，所以提单万一丢失，补办的手续也很麻烦，需要登报申明，出具一系列相关的证明才能补办。而空运目的港只要能知道空运单号码，就能提取货物了，所以如果国外客户不守诚信，通过其他途径得到空运单号码，货物就会被提走，从而收不回货款。一般做空运的货物，货款连同运费都是在运输前需要全部收回的，这样才能降低自身的风险。两种运输方式的提运单各有利弊，需要外贸人自己去把握好其中的风险。

（2）运价知识

这里放下不同航空公司、不同船公司之间的价格差异不讲。不管空运还是海运，国际段的运价都会随着出货的季节、国际油价、货量多少、汇率情况等因素而变化。其中空运的运价变化最为频繁，最多能维持一周，有时一周会调整几次价格，因为空运是随着国际油价的变更随时变动价格的。加上淡季、旺季价格的调整，所以变动很频繁。经济稳定的时候海运价格一般是一个月调整一次，根据每个月的燃油和货币汇率的情况，各国港口的情况，出货量多少等进行一次整体的调整（在全球金融危机期间，海运价格的变动也非常频繁，已经到了和空运差不多的程度，一周更新一次价格）。

因为上述原因，所以外贸业务员询价的时候要特别注意自己的报价，不能以本月的价格去预估未来几个月的价格。一般要根据淡季、旺季的情况，加上合适的调整价格，避免因为价格变动让自己处于被动地位。询价的时候一定要跟货代业务员表述清楚，这个只是报价，大约什么时候会出货，这样货代业务员才会帮你一起估计一下，互相配合才能在成本上不至于亏本。选择价格的时候也应该选择中档，或者中档以上船公司的价格，以便出货的时候多一些选择。

案例分析 -

外贸业务员 A 向货代业务员 B 询价，一台小机器需要出运到美国的一个小城市，询价时报的体积是 0.3 立方米、重量 84 千克，B 查询了一下运价，45～100 千克的价格是 52 元/千克，100 千克以上的价格是 32 元/千克。B 计算了 52 元/千克×84 千克 =4368 元，32 元/千克×100 千克 =3200 元。然后用 100 千克的总运费加上自己的利润除以客户的价格，报给客户（预估利润 200 元），计算如（3200＋200）/84 =40.5 元/千克。为了与客户成交可以这样报价，货物按照 100 千克走，自己还有 200 元的利润。

可是当实际拿到托书的时候重量变成了 40 千克、体积 0.22 立方米，如果按照原先的报价应该是（空运最低都是按照 45 千克计费）40.5 元/千克×45 千克 =1822.5 元，而要付给航空公司的价钱却是 52 元/千克×45 千克 =2340 元，如果这样做下来就是亏本的单子。B 向 A 解释，但是 A 认为 B 失信于他而不再相信 B 了。

分析：如果 A 提供的数据正确，那么 B 是做了一个很有技巧的报价。并且是实实在在帮助客户着想了，还控制了自己的利润，这应该是一个成功的报价案例。可是由于 A 提供的数据不准确，导致 B 的报价变成了一个失败的案例，并且还需要自己承担损失客户的结果。所以请外贸业务员一定要记住，很多时候货代业务员的报价是根据你所提供的数据帮你计算出来的，请务必如实告知。

(3) 航运知识

货物在运输过程中会有挤压、堆积的现象，如果是精密仪器，或者易碎物品请在托运前与货代业务员说明，并且贴上显著的唛头，提醒在搬运过程中不要人为损坏，自己包装货物的时候也需要尽量完善。货物在运输过程中有时会遇到很多不可抗力，例如，海浪太大，打湿了集装箱，影响了里面的货物，所以请在货物出运前尽量做好货物的运输保险，以免给自己带来不必要的损失。由于天气变化，或者中转港的原因等，有时候货物会延期抵达，此时请体谅货代业务员的心情，这也是他们所不愿看到的。请选择运输工具的时候，千万不要只看价格，很多结果都是选择所导致的。航运中还有很多都是需要外贸人体谅的，毕竟货物的运输过程中会受很多因素的影响，而这些并不是人为可以控制的，货代业务员肯定会尽力为你做到最好。多了解一些这方面的知识，对于外贸人与货代业务员很好地合作有很大的帮助，更能在出了问题的时候知道如何去应对。

外贸人需要了解的货代知识还远远不止这些，这里只是讲了几个主要的方面。多了解一些货代知识，对于开发国外客户也有很大帮助，对货物运输的流程都熟悉了，那么国外客户对你的信任也会加强。外贸和货代的业务知识一直都是相通的，如果能融会贯通，就能在各自的领域里游刃有余。

3. 外贸人对货代人的期望

外贸人一直希望找到自己的贴心货代，希望能一起合作顺利完成外贸业务；希望自己的货代能够知识全面，帮助自己解答货物运输过程中遇到的问题；希望货代能诚实守信，不给自己的业务拓展造成影响；希望货代能不厌其烦地对自己的问题及时做出回答。

外贸人希望货代工作不要出现问题，即使出了问题也能帮忙尽快解决，并且尽量少地产生额外的费用。外贸人还希望货代是他们的百科全书：商品编码不会了可以找货代；国外地址找不到了，可以找货代；看不懂船名，也可以找货代翻译；心情不好了，更可以找货代倾诉，等等。

外贸人也希望货代不要整天追着他们要货物，不要有事没事总讲业务上的事情，更希望不要只把关系建立在业务的基础上，外贸人也需要朋友。

下面摘录外贸人写给货代人的信件[1]，来诠释外贸人对货代人的期望。

---

[1] 摘自福步外贸论坛，作者 ID：bluwing。

信件一

我做外贸已经很长时间了，也接触了很多货代业务员。To be honest（说老实话），有时候有些货代业务员令人"头疼"。"你好，我是……公司的，请问你们主要走哪些线，我们专业走北美线，如果有货要出，随时向我询价。""哦，你们主要走英国啊，我们公司英国价格也不错的，你有MSN吗，我加你吧……"尤其在我正忙的时候接到这个电话，心情有些不好，不过我会尽量控制，大家都不容易（如果你们哪天当业务员也会有同样的感受）。

很多货代业务员可能头疼找不到货要出，总是以最低的价格来赢得业务，其实这种方法刚开始可能有效，但不是长久之计，这样不仅挣不到钱，还影响物流行业的正常运行。我认为价格方面只要不偏离行情就可以了，如今各个行业竞争如此激烈，价格如此透明，唯有靠服务、专业性取胜。说实话，我们找到一个真正贴心、不让人烦心的货代业务员太不容易了。

其实，我接触过很多货代业务员，也换了很多，更换的原因如下所述：

（1）遇到不敬业的货代业务员

例如，我在FOB里找可以出美国货的货代，一个货代业务员给我报了价，我觉得还算合理，就选择了他。起初的合作一直很愉快，出货以后，出了一些问题，要重新做报关单。从他的语气里我能听出，他很不耐烦，结果是我每天低声下气地给他打电话，后来他又把我推给他公司的单证人员，那个单证人员又以不了解情况会帮我询问为由，让我耐心等待。终于在等了很长时间后核销单被退下来了。

我略带提一点意见：我对物流公司现在的单证、业务操作分开有些意见。我们一开始都是跟业务员联系，已经熟悉了，然而在出货的时候又把我推给操作员。操作员工作不是很尽心尽力，只是做程序上的事情，问题一多他很快会烦，然后又多出个单证员的环节。等我们催核销单的时候，他们经常会说："我给你接到我们财务那里，你问他吧。"这让我感觉自己像一个"皮球"被踢来踢去。

(2) 遇到不耐烦的货代业务员

外贸业务员经常会遇到一些报关、海运等方面的问题，有不懂的地方，理所当然会先咨询货代业务员。很多货代业务员在我问价格的时候回答得很快，但是如果我咨询一些专业的问题，他们马上就沉默了，或者说我帮你去问问吧，有些干脆说我不是很了解，你再问问别人。这样的工作态度让我下次不会再与他们合作。外贸业务员也有相同的经历，客户在展会上询问，你们的产品采用什么材质，经过哪些处理，如果你回答我不知道，或者说我帮你问问同事，那客户很快就对你失去信心，直接问你同事就可以了，为什么还要问你呢？如果你很专业，在气势上就不会输给客户，也会赢得客户的尊重。

(3) 遇到很粗心的货代业务员

我们有个合作的货代公司，专门出海运到迪拜的货物，每个月走2个柜。这个货代公司是我同事联系的，同事离职后就交给了我。不过同事走之前交代我说，货代公司那边确认提单之类一定要仔细。等到我真正接手同事的业务出货的时候，我才知道什么叫做粗心。一个简简单单的提单确认，第一次发来的提单确认件，我一看，愣住了，公司名称、货物名称，跟我们的根本不符合，除了发货人正确，其他都是错误的。我打电话过去问其原因，操作员很简单地说，那你改一下发过来就可以了。我改好后回传过去，等他又传真修改完的提单确认件过来，我发现客户名称几个字母还是打错了。我又改了，再发过去，他再发过来，我一看，客户名称这次对了，但是怎么刚才我们公司的名称本来是正确的，这次却少了几个字。没办法，再改，他发过来，这项没问题了。结果等到正式提单复印件发来的时候一看，下面的商品名又搞错了。我实在是忍受不了了，直接跟他们的业务员打了电话，建议下次不要用这个操作员了，要不没法合作，业务员只是说他会跟操作员沟通的，让操作员以后仔细些。听他这么说，我就想还是算了，另找一家货代吧！我们每天有那么多事情，真不想为了确认提单这个事情浪费那么多精力！

（4）遇到不诚实的货代业务员

我朋友在一家货代那里出货都有超重费，大约300美元一个柜子，一直收了几个月，结果其他货代跟我朋友说超重费早就降到150美元一个柜子了。我朋友去网上查了一下，确实在一个多月前就降下来了，那就意味着他们两个柜子的货多出了300美元的费用。后来被朋友的老板知道了，批评了他一顿。而他的货代业务员的解释是船公司没有通知他们。其实任何解释都是徒劳的，只有两个可能：一是他们的公司信息太闭塞了，一个月前的通知到现在还没有收到；二是他们故意多收，明知道有通知，却装作不知道！

（5）遇到不负责的指定货代

外贸业务员提起指定货代都比较头疼，因为没有任何利益关系，他们的服务简直没法说。例如，曾遇到一个指定货代，我打电话过去希望他能帮我传真一下实际进仓数据，他说你要那个有什么用，这个很难向仓库要的，我回答说工厂有用，做数据的时候要附上去汇报给领导的，麻烦你帮我要一下。他答应了，只是说要晚些时间，结果等了一个星期也没给我。是否外贸业务员和指定货代之间真的没有利益关系呢？其实不然，我们经常在选择货代的时候都会想到是否试试以前有过合作的指定货代，但想到他们的服务，还是算了。

（6）选定合适的货代

从今年开始我只与一个货代业务员合作，当时因为我们有货物需要进口报关，自己什么都不懂，就找几家能够代理进口报关的货代业务员咨询如何操作。有一位货代业务员，我问任何问题她基本都能对答如流，显得十分专业。她主动传真给我一份所需资料及其内容的表格，大致内容如下：箱单发票；要木质包装证明（备注说明：只要在她的模板上盖个公章即可，其他由她来完成）；进口手册（备注说明：这个是什么封面、上面是什么颜色，一般都是向公司会计索要）；合同（备注说明：如果没有，可以自己做一个，实在不会做她帮我做）。我一看原来就这么简单。

经过这次顺利的合作后，我对她印象非常好，我有一些朋友要做进口都会全力推荐她。我后来加了她的 MSN，随意聊天时提起我想换出口货代，让她帮我介绍一个，她说他们本来就是做出口的，不妨在他们那里试一下。我就说为什么不早点告诉我。就这样，我开始在她那里出海运的货。我最欣赏的一点是整个流程全部由她一个人操作，什么事情只要问她就可以，不用再转到操作员、单证员、财务人员那里。每次出货她都要叮嘱我：今天该寄单证了，今天船开了，估计这几天船就到了，单证你给客户寄过去了吧。有一次我感触最深：她给我寄了一张发票，当时我忘记了，寄到了我们财务那里，财务也没有告诉我，结果两个多星期过去了，她问我上次的发票收到没有，我说没有啊，问财务也说不知道。后来我又告诉她财务也没收到，她说没关系帮我查一下快递单号，我说都已经 20 多天了，你的快递单号还在？她说她每次寄走单据的快递单号她都保存着，很多资料都保存半年以上才销毁。我觉得我真的要向她学习了，现在我自己寄快件也都有详细记录，在很多时候确实帮了我自己不少忙。跟她确认提单我一般只要确认一次，每次都是她先用我寄给她的箱单发票自己先确认一遍，然后再发给我确认，我十分省心。每次开票之前，她都要跟我确认运费、保费。核销单每次退回来都比其他货代快很多；预录单都是当天传，几乎不用我催。她每天都很忙，我经常回家了还看见她在 MSN 上，说在加班。但是再忙，只要我有问题问她，她都会不厌其烦地给我讲明白。我的同事要出货，我介绍了她，我同学的公司出货我也强力推荐。现在我给她介绍了最起码 5 家工厂，而且反映都很好。我跟她说得很清楚，每次的价格不用给我最低，你们该赚的一定要赚。说实话，他们的价格稍微偏高（很多时候有些货代报的价格真的很低，最近经常有货代来电话说出欧洲线能做到 $0.00/CBM，但我知道他们都是通过加收目的港的拆箱费等方式来获得相应的利润），但是我从来没有打算换货代业务员。如果她哪天不做了，我真担心怎么才能找到第二个这么好的货代业务员。

说实话，我们做外贸业务的也为找不到一个好的货代业务员而苦恼。希望货代业务员能做到认真、细心、负责、专业，能够长期合作，这就够了。

如果你相信事在人为，那么你肯定会成为一名成功的货代业务员！

信件二

亲爱的货代业务员朋友们：

大家都是做业务的，所以我十分明白大家的处境，工作都非常辛苦，以下所述仅代表个人观点。

外贸和货代的关系：

（1）外贸和货代是兄弟关系，外贸业务员的单子多了，货代业务员才能有更多的单走。

（2）经济危机，出口量减少，出货量减少。

货代朋友可以通过阿里旺旺在线猛发、群发消息给我们，这样很省时间，但是估计做外贸的朋友都不喜欢收到这样的信息。试想每天早上一上线，就是类似"你好，我是 XXX，UPS，DHL"……这样的消息一堆堆的，看了就头疼。每天都来，给人的印象很不好，就像是宣传信息，说实话看得都累了。

如果外贸朋友加了货代朋友的 QQ 或者 MSN（很少会加其他的），加了，其实第一步就已经接受你了，但是一般的外贸朋友，不会只加一个货代朋友的，就像是客户不会去只找一个供应商一样。这点希望大家明白。加了你的 QQ，希望你报价的时候，不要每次都等了 5 分钟才回信息，时间就是金钱。我可能同时向 5 个货代朋友询价，但是回复的速度有快有慢。有些货代朋友甚至不理会你，问三句，他回一句，这就是服务问题了，可想而知最后会选择谁了。

货代和外贸如何拉近关系，那就是一门学问了，大家需要慢慢体会。

说错的地方，还请各位货代朋友海涵。

4. 货代人对外贸人的期望

货代人最希望的就是外贸人能体谅自己工作的艰辛；希望外贸人不要一味地拒人于千里之外；希望大家能心平气和地沟通一下所出现的问题；希望合作能够长久；希望外贸人不要把自己的利润压得死死的，那样即使有业务合作，但是实际结果令人很不开心。

货代业务员希望在货物运输出现问题时，外贸人能够体谅，并且配合一起先解决问题，而不是一味地追究责任。每票货物的出口中间都存在着很多细节，要把每个细节都把控好并不是一件容易的事情，加上外界的一些不可控因素，所以货代业务员的工作就是在发现问题和解决问题的循环往复中进行。货代业务员需要的只是在出现问题时的一句理解体谅的话语，他们会更加努力地去帮你解决问题。

以下是货代人回复给外贸人的信件，来诠释货代人对外贸人的期望。

回复外贸人的信件一①

亲爱的外贸业务员朋友：

你好！看了你的信，我很感动，你费了很大的心血，用心良苦地写了这样一封信。

现在货代市场真的很乱，鱼目混珠，处在一个整合期。新人层出不穷，很多都是迫于就业的压力才去做货代业务员的。他们连销售的理念都没能理解，又怎么能怪他们不够专业呢？各个公司的模式都不一样，社会关系复杂。十几个人就是一个公司，老板应该是比较精通业务的，但是他能顾及新人的培养吗？老的业务员自己的业务还顾及不过来（因为现在即使做销售经理，老板还是需要个人拿出业绩来说话的），如果把精力放在帮助新人上面，谁又来保证他们的收入呢？客户是要用心维护的，一不小心就会被别人抢

---

① 摘自福步外贸论坛，作者 ID：星星浪子。

去，想再把客户抢回来又要花多少倍的精力呢？所以，新人都是靠自己慢慢摸索。在没有理念的前提下，要拉客户，他们能做的就是用比别人低的价格去找到那些比较"势力"的客户。加上他们的专业知识有限，外贸人问的一些问题他们根本不懂如何回答，只能搪塞。遇到问题，也不知道如何去处理，只能一环一环地推诿，最终导致失去客户。做成一家客户都是不容易的，谁愿意就这样失去呢？

做货代业务员，有时真的是身不由己。需要的是处理事情的能力，还要有勇于承担责任的勇气。就拿我自己来说，为什么我会放弃大公司那么好的平台选择一个一切都要靠我自己去搭建的小公司呢？还不是因为大公司在一些问题上太过格式化了。为了规避风险，每个人都不愿意承担一定的责任，遇到需要承担责任的时候都互相推诿，最后所有责任都是我一个人承担。没有协议，没付钱，没有人愿意放提单。但是客户有自己的难处，作为一名货代业务员我可以理解，所以只能把所有责任揽到自己身上，写邮件抄送给各级经理，以及老板。虽然最后为客户解决了这件事情，但是那时我也是提心吊胆地等着收到钱才能放心，毕竟一个柜子的金额是我几乎半年的工资。操作员被客户投诉了，就永远不会再去找客户了，所有问题都只能通过我自己去传达。我已经尽力做到最好了，可是由于某些环节配合不到位还是失去了几个客户。虽然在别人眼里我应该还算高薪，工作也不需要那么累，但是我真的心痛丢失的每一个客户。我以前的老板其实很照顾我，我进公司所有的培训都是比较系统的，从海运、空运的进出口都是系统学习过的。现在的货代业务员很少能经过这样的培训，所以你不能怪他们不够专业。培养一个专业的货代业务员需要付出很大的代价，这种代价很少有公司能担负得起。他们只知道对货代业务员提要求，3个月出成绩，否则就要离开公司。所以请外贸业务员体谅货代业务员的每一个"骚扰"电话（当然对于那些人品有问题的货代业务员你们可以不予理会）。

还有一点，其实很多有规模的公司货代业务员很少会出来开发客户，一般面对的是指定货物和大型工厂的投标。他们上网都是受限制的，公司为了网络安全，限制网络，限制聊天工具。目前在外边开发客户的都是中小货运公司的货代业务员。一个萝卜一个坑，总有适合每个人的客户群。只是真的能用心去做业务的货代业务员不是很多，能理解其中真正含义的则更少。

还有你所说的好货代业务员的概念有点模糊，我承认你所说的那位货代业务员很优秀，但是一个人的精力真的有限，销售、操作、单证都集于一身，我还真的很佩服。除非货量不是很大的客户能这样操作，五家以内的客户也能这样去操作，但是如果一家工厂每天十几票，或者说客户十几个二十几个，货代业务员还能有那么多精力顾及所有吗？你所看到的只是一些公司规划不好所导致出来的局限，很多货代公司的操作员都很专业，很善解人意。毕竟他们知道，操作员的好坏关系到货代业务员的客户，从而关系到自己的工作岗位。熟悉的客户其实也就是那个熟悉的操作员在帮你做单子，不是和货代业务员帮你做一样吗？只是遇到问题的时候货代业务员去帮你解决，这样你不是应该更放心吗？并且可以使货代业务员有更多的精力去为公司创造更大的利润。两个概念而已，货代业务员是市场的开拓者，不能停滞；操作员是市场的守护者，不可缺少。

对于货代的"现实"其实外贸中也一样存在着，我帮助过很多外贸新人，也自信对得起他们每次询问的问题和价格，但是临到最后，就像你说的到欧洲一些基本点的拼箱，我是按照实际价格进行了报价，而他们却选择了不收钱并返还佣金的那些货代。试问这些货代在他们需要帮助的时候怎么没有出现，而他们自己为什么此时选择了"现实"呢？

最后，说实话，我和很多同行打过交道，上海很多朋友都很帮我的忙。只是他们有时很无奈，公司的规程限制了他们的空间。他们力所能及能做到的，我已经很感激了。请多体谅一下货代新人，我们两个行业是不可分割的一体，我们这些稍微有点经验的货代业务员也会尽量帮助外贸新人，也请你们尽量给我们货代新人相应的帮助，在忙的时候也能耐心地与之交流一下。

在此我希望货代业务员与外贸业务员能一起努力，把一条供应链很好地维持下去。

回复外贸人的信件二①

外贸业务员朋友们：

你们好！前几天看了外贸人给货代人的一封信，深有感触。作为一名老货代人，我也想给外贸人写点东西，交流一下，增强相互之间的理解和沟通。

首先说说目前的市场状况。这几年听到很多乱七八糟的事情，乱收费的、说大话的、碰到一些问题不理不管的，等等。总的来说，我觉得是因为行业门槛太低，鱼龙混杂。这几年由于行业竞争的因素，造成目前这个行业利润越来越低，很多新人为了获得业绩，不惜亏本血拼价格，目的很明确就是拿到业务，各个企业也是用业绩来衡量一个人的能力。利润少了，业务员虽然揽了不少客户，但是后续的服务又跟不上，自然会产生一系列的问题。为了运费扣单，乱改一些不相干的费用，以提高单票的利润，这些还是可控的。还有一些不可控的因素，外贸人也许不知道，一家货代公司一般来说只是和几家船公司有一定的关系，绝不会做所有的船公司。这样如果拉到货而船却不能定，那只好在同行之间相互套价钱，甚至会乱套关系。我曾经拉到一批货物，是转过三家货代才定到我这里的。关系套关系，中间如果错一点，就会错一串，这怎么对客户负起责任！

其次说说服务。我经常会对货代业务员说，当过两年的服务员，你就知道什么叫服务创造价值了。目前的市场情况是服务不一定有价值。因为现在这个市场是个血拼价格的时代，我们的利润即使在20美元，客户也会让你再降一些，但20美元已经是最低了，客户却会说某某货代报给他的价格更低，让你不得不再降价格，降到已经没有利润了，只有从别的方面想办法实

---

① 摘自福步外贸论坛，作者 ID：petermin520。

现产出，如文件费、运港费，我甚至还听说有收取与国外沟通的费用的，真是让人耻笑。

企业的利润低自然服务就差，外贸人总是认为"我消费了，我就是该享受 VIP 的服务"，心态不平衡，都是在埋怨。

前几天还有一位朋友夸奖我们这行的一位工作人员服务好，既做业务，又做操作，我觉得这样做是很不正常的事情。因为一个好的公司，业务、操作与客服是分开的。当然这个分开应该只是形式，如何将每个人的责任整合成公司的行为，提高企业的竞争力，这才是我们要做的。于是外贸人只能对指定货代无可奈何，三天两头更换自己的货代。

最后说说价格。外贸人觉得货代的价格总是在变。其原因很简单，货代血拼价格也是为了揽货，各家船公司因为市场份额的关系也时刻在变。例如，WHL（万海航运）的欧洲线，昨天让放 1000 美元，今天就可能因为舱位装不满让你放 950 美元，而明天也许爆舱了要做 1050 美元，这也让货代业务员无法把握。所以我奉劝在选择货代的同时也一定要看看船公司的服务。

希望大家能够相互理解，诚实守信，相互埋怨不能解决问题，心态要放平一些。

回复外贸人的信件三[①]

外贸业务员朋友们：

你们好！发自内心地讲货代我做得很专业，对整个货代操作流程也很熟悉。我也不想去做电话推销，每天打电话，加别人 MSN、QQ，但是我不这样做不行。因为我现在是一个自揽货的货代业务员，所以如果不主动出去的话就只能守株待兔，但很少会有兔子撞上来的。如果碰到公司平台差一些，原来的几只兔子都会被养死的（客户被操作员做"死"掉了）。我就碰到过

---

① 摘自福步外贸论坛，作者 ID：nbjoe0519。

好几次这样的情况。作为一名货代业务员，目前我们能做的是在不停地打电话的前提下提高自己的业务水平、知识水平，多了解、有耐心。说实话做预付货真的不是那么简单，本身中国这个市场差不多80%都是FOB货了，而这些货是掌握在20%的货代业务员手上，而80%的货代业务员要去抢那20%的业务，难度可想而知。

我做了一年多业务了，确实感觉到有些累，可能由于性格问题，自己不喜欢去推销（对自己要求不严格，生活懒散也有关系）。我可能会重新去选择做FOB货，但不管是货代业务员还是操作人员，生存是最重要的。有机会想做点进口，前提是全程进口，或者做些高附加值的业务。现在的市场真的比较乱，大家做什么都比较难，还是要努力，大家一起加油，相信未来是属于我们的！

以上书信交流基本都是引用原文，只是略做书面修改。大家看过之后应该有所感触。这是最真实的外贸人和货代人之间的交流，外贸人对货代人有很多的期望，同样货代人对外贸人也有不少的希望，而我们相互之间能做的就是尽量多地站在对方的立场上想问题，这样才能给相互之间的合作画上最圆满的句号。

货代与工厂——更直接的对话

工厂只是相对外贸或者进出口公司来说的，一般的工厂也都是由外贸部来开发国外客户的。只是自产自销，生产成本降低了，更加便于国际市场的价格策略的开拓。工厂里面好的业务员也不会仅仅局限于本工厂所生产的产品，外贸业务员做到最后都是根据国外客户需求来寻找合适的或者说生产相应的产品。其实一部分工厂和外贸或者进出口公司相差的就是一个实体生产线。

这一节所讲的工厂，是指一些国外的跨国集团设置在中国的分部，或者仅是部分零配件的生产供应链。他们在国际上有固定的客户源或者是生产组装总部，中国工厂只是负责生产固定的货物按期供应到国外而已。

对于这种类型的工厂，货代就是物流方案的制订者，帮助客户将生产完的货物及时、安全、合理地送到国外指定的地点。工厂考虑的是怎样方便合理地计算运输成本，至于中间的运输方案就由货代业务员来提供并且实施，而这些跨国集团，可能会要求货代业务员将运输的成本平均到每一个产品里进行报价，并且签署半年或者一年的固定约价不变，即使不要求这样细致，也会让货代业务员尽量在一定期间内保证价格的稳定不变。这样的要求看似简单，其实中间会存在很大的风险（例如，受旺季舱位不够、船公司甩箱子、国际原油价格大幅调整等因素影响）。当然有风险也会有利润，相对那种每次询价的外贸客户，这样的工厂属于利润大的优质客户了。遇到这样的客户，货代公司一般会派遣专门的驻厂人员，在工厂负责协调货物的整套物流运输，并且帮助工厂制作准确的单证来降低自身的风险。签署协议以后，工厂一般不会轻易更换货代公司，只要没有超出工厂承受范围的价格，可能会维持很多年的合作关系，工厂喜欢与熟悉的货代公司合作，这样也可以保证货代公司的生存。只要能拥有几家这样的工厂为合作伙伴，货代公司就能保证自己的规模化运作了。

货代与海关——利益和矛盾并存

货代是负责货物的承运工作，而海关是负责货物在运输过程中的监管工作。只有符合国际和中国运输监管条件的货物，才能由货代运送进出中国的境内。

1. 利益共同体

从支持国家国际贸易业务往来的角度看，货代和海关是一体的。为了促进国际业务的往来，两者必须通力合作，保证外贸业务的顺利进行。货代业务员需要将外贸公司或者工厂的出口货物所需单证整理清楚，递交给海关审核。当审核通过以后，货物才能自由进出。

货代业务员是把握货物进出口的第一关。客户那边往往对货物的进出口所需要的材料、证明等不是很清楚，这就需要货代业务员帮助客户一起把这些资料及其证明整理清楚、齐全，最后递交海关，为海关的工作节省时间。海关也需要货代业务员先行将所有资料整理清楚，来提高自身的工作效率，毕竟每天要审核成百上千的单证，这样的配合是必不可少的，所以货代和海关是利益的共同体。

2. 矛盾综合体

货代业务员既要代表外贸公司或者工厂，又要代表海关对货物进行监控。相对来讲客户方是直接利润的来源，很多时候货代业务员为了客户的货物能安全及时进出口而和海关据理力争，所以货代与海关又是矛盾的综合体。其中最好的例子就是商品的归类问题，由于所处的立场不一样，导致的结果可能会相差很大。商品有时根据用途材质可以归入不一样的编码，所导致的出口税率差别有时很大。海关一般会按照有利于国家的原则进行归类，而客户那边会按照实际的用途和对自己的有利程度进行归类，这中间就会产生矛盾。

案例分析 --

外贸公司委托工厂出一个20GP的柜子，装的是铝制的垫圈。工厂一直是按照工业用垫圈进行归类的，但是在一次出货的过程中，被海关查验。海关工作人员打开集装箱看到物品后，认为应该按照材质归类，归入铝制钢圈。由于按照材质归类退税比按照用途归类的税点要少5%，所以海关工作人员就认为外贸公司故意骗税，扣押集装箱的出运，直接交给缉私部门的人负责。作为货代业务员当然需要去解释，写情况说明，希望海关能够更改认定结果。但是最终的结果是交保证金，改报关商品编码重新申报。最后货物是出去了，但是整整延后了1个月。结果外贸公司多出了很多仓储费用，损失了很多退税，并且影响到国外客户的信誉；而相对于货代业务员来说，问题虽然解决了，但不仅在这票货物上有些亏损，还失去了这家外贸公司客户的信任。

分析：海关与发货人所站的立场不同，导致了最终的结果不同，但是海关的承载体是国家，个人的利益首先要服从国家的利益。站在货代业务员的角度，毕竟发货人是自己的利润来源，肯定需要帮助发货人去解释，去理论，此时和海关就是对立的。海关最终的决定，会直接导致货代损失客户。

货代业务员是海关与发货人之间沟通的桥梁，是直接面对海关的。不管是利益还是矛盾，终究只是针对某一票货物、某一家客户，问题解决后，还得去协调新的问题、新的客户，所以两者又是密不可分的。

货代与实际承运人——选择最合适的"他"

货代的最终目的是要将货物送出去，或者说是将货物运送至客户指定的地点。所以中间承运人是业务的主体。根据客户的不同需求，需要不一样的运输工具。这一运输工具的选择，就是货代业务员需要面对的实际承运人。

1. 航空公司

空运货物的承运人，面对的是货值比较高或者时间比较紧的货物。货代公司和航空公司的合作大致分为两种：一种是有货物去订舱位；另一种是直接向航空公司购买一个板位（放置货物的木板或者容器）或者部分的舱位，然后再去卖。

如果是有货物再去订舱位的话，淡季的时候还好，旺季的时候就容易拿不到舱位，这样货代自身比较被动，但是风险相对来讲要小一些，接不到货物也没有太大的损失。跟航空公司关系处理好，可以先订几个预备的舱位（很多大公司在旺季的时候都会用空白的托单先去申请好一些固定的舱位），这样可以让自己在旺季的时候不会手忙脚乱。

货代公司直接购买板位或者舱位的做法有时需要承担一定的风险。虽然在旺季的时候能够保证自己肯定有那么多舱位，但是一旦出现问题，客户临时退关，或者淡季拉不满舱位的时候，就会有比较大的损失。敢于包板位或者舱位的货代公司，相应的客户群也是比较稳定的，总能凑到需要的货物，这样相对来讲利润空间要比普通的大很多。

航空公司毕竟不是一家两家，国际化的运作让大家都有自己的空间。航线的不一样，航空公司不一样，货代公司总能从中找到适合自己的，从而就有了自己的优势线路，互相交换一些货物，总能生存下来。不管怎样的操作模式，旺季的时候货代业务员会多去机场跑跑，淡季的时候机场那边会经常派人来货代公司坐坐，这个就是两者之间微妙的关系。

2. 船公司

船公司和货代公司的关系有时是买卖双方，有时又是竞争对手。

在买卖双方这一点上，航空公司与货代公司的性质差不多，可以每个季度向船公司拿舱位卖给客户，也可以直接和船公司签订一段时间的订舱约价，更可以在旺季的时候向船公司预先付钱买下一些舱位，更有甚者是船公司的暗庄。

拿船公司的价格出来，加上自己的利润卖给客户，这个是大部分货代公司的销售模式。按照往常船公司都是一个月更新一次运价（金融危机例外），所以基本的海运价格也是按照月来调整的。约价，有一定的风险，不管是旺季还是淡季在这个固定约定的时间内，价格是固定的。相对旺季来说，中间潜藏了巨大的利润，而相对于淡季来说，可能利润很少，甚至是负数。买舱位，这大部分发生在旺季，货代公司预感到这个航次的舱位远远不能满足市场的需求，所以预先把钱交给船公司预订好部分舱位，以供自己的客户需求，甚至可以到时高价卖出。

有时，船公司听说是一些大型的、每个月有固定箱量出口的工厂，就会绕过货代公司这个中间环节，直接和工厂去签署一份长期的约价。这个时候船公司就是货代公司的竞争对手了。竞争也是说说而已，因为货代公司和船公司相比价格上要远远处于劣势。只是船公司一般针对的都是特大类型的、每个月箱量稳定的客户，一般是不会直接出来揽货的，否则货代公司的生存空间就会更小。

3. 铁路运输

相比做海运、空运的货代公司，做铁路运输的货代公司就少了很多，因为针对的客户群比较有限，一般铁路运输都是去中亚、俄罗斯这些不靠海岸的内陆国家。货代公司和铁道部的合作形式也会比较简单，基本就是按照路程的远近确定固定的价格比进行销售，操作模式和海运整箱的模式差不多。有一个区别：铁路运输集装箱的小箱需要配对，去一个地方必须至少要两个20GP 的柜子，一节车厢的长度是一个 40GP 的长度。总结起来就是 20GP 的小柜子需要成双数出运。货代业务员也就多了一个工作，需要帮助一些单个柜子的发货人找寻与之配对的箱子。

4. 车队

车队主要是承运国内段货物的，有集卡车、厢式货车、海关监管车、平板车等。

相比下来，车队的人员构成比较复杂，文化水平较低。正因为如此，车队这部分是最难协调的，误时是车队最常犯的错误，由此会引发一连串让人难以解决的事情。

货代公司和车队之间是必不可少的关系，但是真的能找到一家让货代公司完全满意的车队却非常困难。总会有很多因素影响着双方顺畅地合作，有可控的因素，也有不可控的因素，做久了能够体会到，关键是发货人那边体会不到货代公司的辛酸。

可控因素主要有：为了节约成本获得最大利润，20GP 的小箱子总需要两个一起装，如果装一个小箱跑一个来回肯定耗费大量的运输成本。配对就需要车队有足够的客户源，能在一个区域内有货物来相互补充，所以很多同在一个城市的车队之间都是相通的，关键看相互之间的调度；时间上尽量把控好，给自己的司机也留下足够的空间，这样既帮助了货代，也给双方的合作增加了信任度。

不可控因素有：堵车、车辆突然损坏；装两个箱子的时候，前面一个箱子的工厂速度慢，影响后面的拖运时间等。

遇到这些问题，车队可以向货代公司说出一大堆的理由，可是这些理由客户根本就不会听，货代公司就只能认错，答应客户下次换车队，结果是换了的车队还是这个样子，最坏的情况可能影响到客户的信任度，直接丢失客户。

⚜ 案例分析 ⚜ --

我曾经遇到过这样一个车队，价格报得比较诱人。前面合作过几次都没有什么问题，可是在一次合作以后货代公司就坚决不再用此车队了。

车队按照约定时间应该是早上 8 点进厂装货，结果一个上午都没见到车影子，工厂一直打电话催，货代业务员问车队，车队的人一直说在路上，马上就到。可是这个"马上"一直等到下午 5 点左右快下班了都还没见到车队的影子。客户都已经说不装了，货代业务员没办法，去工厂陪着客户一起等，因为这次不装了以后就再也没有合作机会了。直到晚上 6 点多，车子才出现在工厂。工厂都是人工装货的，那就需要加班了，货代业务员只有买食品，贴加班费让人家装箱。这些成本是远远超过一个柜子的利润的。最后调查下来，车队为了多赚钱，前面让车子去别的地方装货了。他们不会理解货代业务员洽谈一个客户有多么不容易，就因为他们的不负责任，让货代业务员损失了长远的客户。

分析：切忌为了利润而给自己合作的货代公司带去更大的损失。看起来

不太重要的环节，可能却是最重要的环节，以此来说明车队在货代这个环节
中的地位。

海外代理——全球化的产物

随着外贸成交条款的延伸和服务的多样化，海外代理在现代物流中的地
位越来越重要。所谓的海外代理就是指国外的货代同行。随着物流越来越全
球化，合作越来越便利，各国代理之间合作的重要性也就越来越明显。各国
货代公司之间需要通力的配合才能将国际贸易中的实际交易货物准确及时地
送至收货人的手里。特别是对拼箱货物的运输，海外代理更是占据着特别重
要的地位。拼箱的收货人就是海外代理。海外代理在货柜到达以后要将货物
按照详细的收货人进行细致地拆分，并分别通知收货人货物已经到达需要及
时清关提取货物。海外代理一般分为总部的分支机构和有合作性质的同行
代理。

1. 分支机构

一般有分支机构的货代公司，属于大的国际型的全球货代。在一些出口
量大或者有港口的国家城市，设立自己的分公司或者办事处，开展当地的货
运代理服务，并且为自己的各级子公司提供服务。

这类全球货代的优势就是比一般的合作更加能降低自己的成本，控制运
输环节中各种突发情况，并且能第一时间知道自己运输货物的情况、状态等
信息，有利于公司国际知名度的提升，有利于公司业务的扩展。

2. 有合作性质的同行代理

有合作性质的同行代理，就是说本身并不是一个整体，因为合作的需要
才搭建起来的合作关系，中间需要有双赢利益的存在。这个利益分为很多
种：有合作的时候有偿操作货物，有合作操作货物后利润的分成，更有互相

交换货物进行合作，等等。

　　这个合作需要慢慢了解对方的优势和劣势，有时需要很长时间的比较。通常在同一个地方会选择几家公司合作，等运作过后进行比较，再确定比较长期的合作伙伴。毕竟国际合作不像国内的合作，只有出国才能真正见到其代理的实体，了解到实际的情况。所以海外代理的选择和竞争也是异常的激烈，并存在相应的风险。

　　不管是分支机构还是合作性质的海外代理，中间都是互相有联系的，再强的全球货代也需要有不属于自己分支机构的代理来做合适的货物，不可能在每个国家都能做到最具优势，所以各国之间的代理合作是非常频繁的，是竞争对手的同时也是合作伙伴。

第十一章　货代人必知的工作技巧

作为一名货代人，你需要掌握什么样的技巧，才能在货代这片天空下自由驰骋，无往而不胜呢？这里以销售的工作技巧为主覆盖其余各个岗位的人员，毕竟销售有时候是公司的全能手，出了问题客户最终还是要找销售来解决。

航线知识

看到一个港口货代首先要想到它属于哪个国家，其次要知道这个国家属于哪条航线，再次就是要知道这条航线中哪些船公司性价比比较高，从而迅速做出决定，给客户及时的运价信息。要在短时间内对这些信息做出准确的判断，需要几个月，甚至是几年时间的不断积累，不断扩充自己的知识面才有可能做到。

1. 了解港口

国家、港口是每个货代人进入货代首先要学习的一门课程。花一个星期或者更多时间去记这些港口和对应的国家，是一件很枯燥无味的事情，最后能达到的目的也只是在脑子中有个大概的印象。通过死记硬背是不能融会贯通的，需要在工作中一步步去加深印象。自己的客户常去哪些港口，自己就会逐渐熟悉这些港口和它们所在的国家。只有不断提到、看到、用到这些港口，对它们的记忆才会越来越深刻。

2. 区分航线

了解国家港口是第一步，接下来要做的就是区分这些港口所属的航线。按照大类航线基本分为近洋线和远洋线。一般航程在 20 天内或者 20 天左右的，可以归为近洋线；航程在 30 天左右或者超过 30 天的，可以归为远洋线。

（1）近洋线

近洋线一般又分为近洋线（这里的近洋主要是指日本、韩国、中国台湾、中国香港）、东南亚航线、中东航线、印巴航线、红海航线、澳新航线。

（2）远洋线

远洋线一般分为欧洲航线、地中海航线、黑海航线、非洲航线（可细分为北非航线、西非航线、南非航线等）、中南美航线（可细分为南美东航线、南美西航线、加勒比航线、墨西哥航线等）等。

（3）美加线

由于美国、加拿大与中国的特殊贸易关系，这条航线一直是独立出来的，不按照距离来区分。这条航线也是利用目的港货代最多的航线，绝大多数货物运到这些国家都是通过发货港和收货港的货代来完成。

3. 知晓航程

区分好了航线的同时，就应该对各个航线大概的航程有一个了解，看到港口就要大概知道到达这个港口的时间。由于有些港口不是直达港，可能是内陆港，所以至少要知道到达中转港的时间，然后大概推算出到达这个内陆港所需要的时间，最后结合客户的要求，判断能不能在规定时间内到达。空运时，如果是直达的飞机，时间是一天，超过一天基本都不是直达飞机。中转的飞机就要通过不一样的国家和空港来推断大概的时间，东南亚、欧洲、美加线基本上中转时间 2 ~ 3 天；相对时间长一点的是中南美、非洲一些国家，需要 5 ~ 7 天甚至更长。不管是海运还是空运，航程时间都不是绝对准确的，受天气、中转港的影响比较明显。

4. 熟悉费用

了解以上信息，通过这些信息货代可以知道对应的费用。海运费、空运费定期会有运价表更新，这个大概能够估算出来，但需要货代具备多年的从业经验。还有一部分是人民币的固定费用，这基本上全年保持不变，需要熟记于心。以上海港为例，THC 和订舱费不分航线基本差不多（只是各个船公司收取上有略微的差别），东南亚航线有紧急燃油附加费（Emergency Bunkey Surcharge，EBS）、集装箱不平衡附加费（Container Inbalance Charge，CIC）；欧洲线有海关预申报费（Entry Summary Declaration，ENS）；美加线有反恐附加费（America Manifest System，AMS），凡是经过这个航线的都会有 AMS 费用；东南亚、中东、印巴、红海等近洋线都是靠外港，做箱的时候没有额外费用；欧洲、南美、非洲等远洋线一般都是靠洋山港，由于路程比较远，做箱会有额外费用等。这些基本的费用货代都需要掌握。

以上基础知识都是货代自身需要且必须具备的，掌握这些基础知识后才能进行下面技巧的深化，才能在下面技巧运用时不出现"程序故障"，影响技巧的发挥。

营销技巧

学会爱上"货代业务员"和"物流"，是你成为优秀货代人的第一步。

1. 电话销售——投石问路

如今的市场开发，已经不再像从前那样，可以靠着两条腿打天下了。工厂有门卫，写字楼有保安，没有事先联系好想一下就见到想找到的人非常难，这样电话销售就诞生了。扩展市场首先需要电话联系到客户，进行下一步的产品推广，所以货代工作也离不开电话销售这个环节。

所谓电话销售，就是通过电话找到自己的目标客户，通过不见面的沟通、熟悉，再慢慢介绍自己的产品，中间可以预约见面详细谈判，也可以通过传真、网络等方式进行谈判，以达到销售的最终目的，把自己的产品销售给客户。

货代公司的目标客户是外贸业务员、单证员或者工厂的船务、关务等负责国际货物运输的那部分人。要想在对对方一无所知的情况下找到相关工作人员，就需要先通过电话联系，然后再慢慢去挖掘自己的目标客户。电话销售是新人进入货代行业市场开拓所必须经历的一个环节，它不仅能帮助你找寻客户，更重要的是能让你学会必要的专业知识，锻炼作为一名货代业务员的承受能力和应变能力。

电话销售必然会遭受很多的拒绝，而且可以说是大部分的拒绝，甚至会有一些受挫的感觉，但是不能放弃，因为只有坚持才能找到更多的潜在客户、目标客户。通过这些客户对你的询问，慢慢提升自己的专业知识，锻炼自己的应变能力。

电话销售也是对新人的第一关考验，如果在这个过程中你输给了自己的自信心，那么就可能会离开这个行业，即使留下了也不会去做开拓市场的工作。如果你能坚持下来，并且乐观地面对，那么即使你前期一无所获，后期的效果也会慢慢显现出来。过了第一关，以后的工作才会越来越顺利。

在不知道任何客户信息的前提下，能做的就是通过电话将信息传递给别人，让别人先了解你，并且通过别人来让自己尽快地掌握自己所不知道的专业知识，只有经历了你才能真正将专业知识牢记于心。同时，电话销售也是公司对你的考验，看你是否具备作为一名货代业务员的基本潜力，这就是双重的投石问路。

案例分析 --

有一个例子：一家制造鞋子的国际型工厂，准备进军非洲市场，于是派两名销售人员去考察非洲市场的前景。一个星期后两个人回来了，得出的是两个不一样的结论。第一个销售人员说，公司不要去开发非洲市场了，因为那边根本没有市场，非洲人都是不穿鞋子的。第二个销售人员却高兴地对公司领导说，非洲有着很大的市场，那边的人都没有鞋子穿。公司采纳了第二个销售人员的策略，结果很成功，非洲人学会了穿鞋，第二个销售人员也因此成功了。这就说明看问题角度不同，结果也会截然相反。

还有一个例子：两名货代业务员同时打电话去一家工厂，都被前台工作人员拒绝了，而且可能前台工作人员还说了一些比较让人受挫的话语。其中一名货代业务员决定放弃了，因为他觉得与这家公司不可能合作了。而另外一名货代业务员思考了一下，觉得这个前台工作人员能这样拒绝他，也一样拒绝了很多人，真正找到那个负责货运的人的货代业务员并不多，甚至可以说是寥寥无几。如果能通过一些方式找到负责人，自己岂不是会比别人更容易获得与这家公司合作的机会？经过再三考虑，他多次打电话，直到找到负责人为止。这中间就需要货代业务员有一定的技巧（看完下面所述的内容我想你们也会用那样的技巧了）。

分析： 货代业务员在工作中面对的拒绝远远超过接受，需要不停地思考客户的每一次拒绝，从中总结一些得失，来提高自己的应对能力。

笔者曾经与一个外贸公司的单证人员聊天，她讲了这样的一个故事。她说他们一般很少顾及货代公司的选择，货代公司通常都是由业务员或者老板指定的。一次，有个货代业务员通过电话找到了她，由于手上的权限和老板指定货代的原因，她开始也没有在意。这个货代业务员并没有放弃，而是十天半个月就给她打电话问候一下，并且没有直接提及货代这部分业务，只是几句简单的问候。期间，她接到很多次这名货代业务员的电话，但是都没有涉及货物询价，最多也就发一份传真和公司的基本报价，后面就没有什么音讯了。但是当有一天，老板突然对她说，现在的货代费用过高，想换货代公司，她的脑子里涌现的是那个经常电话回访的货代业务员。合作就是这样达成的，一做就是几年。

这就是电话销售中的加深记忆法，要使自己在客户的脑海里留有印象，在需要的时候能够第一时间想到你。电话销售不是一次就能够成功的，需要日积月累，积累自己在客户心中的分量，这样当有一天客户需要货代的时候，第一个想到的就是你。电话回访的内容切忌死板，也不要长篇大论，只要几句简单的问候，加深一下自己在客户心中的印象即可。

2. 陌生拜访——无头苍蝇

陌生拜访是开拓市场的另外一种方式，靠的是两条腿和胆大心细，很能锻炼货代业务员的见面能力。陌生拜访按照开拓市场的长短可以分为：最初漫无目的的"扫楼"和成熟以后的顺便拜访两种。

最初漫无目的的"扫楼"是新的货代人接受的第二个考验。靠着开始掌握的不多的、生疏的业务知识，大胆地出去拜访陌生客户，面对面地去找合适的人，去和前台、保安周旋，直到找到自己想要找到的人，交换名片，这才算是成功的拜访。当然能够留下自己的名片也是一种希望，有希望就会有憧憬，也是给自己一个心理上的安慰。面对面的交流要比电话销售的成功率高，只要能找对人，在 100 次的陌生拜访中应该会有 5% ~ 10% 的潜在客户积累。

成熟以后的陌生拜访，就要靠货代业务员的敏锐"嗅觉"了。在你去拜访约见客户的路程中会遇到相应的陌生工厂，可以向门卫打听，或者即时查询电话，电话拨通后就说人在附近，想顺便拜访一下，争取能多给自己积累一个潜在的客户；或者在去写字楼的时候，一栋楼里面不止有你要见的一家客户，可能还存在很多你的潜在客户，这时就可以进行一下陌生拜访，相比经验初期的那种拜访，这时的陌生拜访成功率较高。

陌生拜访，就像一只隔着玻璃的无头苍蝇，到处乱撞。如果能够找对出口，外面就是一大片开阔地了，天高海阔任你飞。

案例分析

小林是一名货代业务员，为公司推广国际快递的业务。小林经常会去"扫楼"（去写字楼进行陌生拜访），毕竟写字楼里面的进出口公司比较多，走国际快递的也很多，很多客户都是陌生拜访以后有合作的。有一天，小林路过一家规模很大的进出口公司，里面有很多部门，他说明来由后，门卫让他去找一个负责此事的葛先生（很多大公司的快件基本是交给一个人单独负责的，而且在用很多家快递）。找到葛先生后，小林诚恳地说明来意。葛先生人很好，当时小林推出的是 UPS 的快递业务，葛先生就把他带到了业务三部，说这个部门都是用 UPS 的，相关业务的决定权在盛小姐手上。小林就这样认识了盛小姐，并且用比较合适的价格把盛小姐当时的 UPS 快递业务都拿了下来。由于做事认真负责，这个进出口公司其他部门有用 UPS 快递业务的时候，盛小姐都会帮忙介绍给小林。慢慢小林和盛小姐就成了好朋友。后来小林慢慢转向做国际货运，盛小姐手中的决定权也越来越大，在小林换了公司后，盛小姐后来的海运业务也一直支持着小林。

分析： 陌生拜访有时能够遇到热心人，这样从开始的合作到信任货代业务员的为人，最后小合作也能变成大合作。毕竟陌生拜访有利的一个因素就是见到人通过面对面的交谈，增加可信度。

3. 网络营销——大海捞针

在互联网这个浩瀚的大海里，信息满天飞，真真假假很难辨别，但是互联网又是一个大家都离不开的营销平台。利用好了能创造出很大的财富，利用不好信息就石沉大海，翻不起浪花。

货代在网络的营销主要有两个方面：搜寻客户信息和发布广告。

搜寻客户信息，是充分利用互联网中比较重要的一个环节。一般来说，主动出击总会比守株待兔要强得多。寻找信息需要有足够敏锐的"嗅觉"，下面讲几种主要的方式：

（1）通过当地的人才网。众所周知，人才网是企业招揽人才的平台，也是信息最为准确、及时的平台。看到某家企业在招聘关务、船务、外贸业务员或者外贸跟单员等时，就可以判定这家企业肯定有进出口方面的业务，它就是你的开发对象。一般人事部也会留下联系方式，即使没有，也应该能查询到这家企业的联系方式（这属于货代业务员的基本技能）。下面就是电话销售的技巧了，只是大家应该都能明白一点，让人事部的人帮忙找人或者转电话要比前台好很多。其余没有招聘这方面工作人员的公司不等于没有进出口的业务，需要进行分析判断。

（2）通过 B2B 网站搜寻客户，例如，阿里巴巴、中国制造网等。其实找到的也都是一些电话，后续还需要进行电话销售，在这里就不多做论述。

（3）通过当地门户网站的论坛，或者其他网站上开设下来的当地板块的讨论版等。一般上面都会有对网友信息专门介绍的帖子，可以从中寻找一些有用的发布信息的网友，加为好友，这些就是潜在客户了。

（4）通过行业相关论坛去寻找信息。这类论坛上经常会有一些实际的直接货盘信息，如果正好属于你的优势或者说是你所做的港口、航线，就可以大胆地去和别人竞争了。

搜寻上主要就讲这几点，当然还有很多其他途径，例如，QQ 群、MSN 群、别人给你发的一些推广邮件中的收件人等，这些就看你的销售"嗅觉"了。

发布信息，也就是所谓的广告。你要让别人知道你是做什么的，这个就是所谓的守株待兔守则。要能等到"兔子"，就必须好好装饰一下你这棵树。可以采用逆向思维法，客户想寻找货代公司的时候，一般会用什么关键字去搜索，那么请将这些关键字尽量放在所发布广告的标题里面，做到简洁明了。还有一种方式就是在 MSN、QQ 和论坛的签名里留下自己的有效信息。其实最好的广告发布并不是发布真正的纯广告信息，只需要将你的信息留在签名里，而经常去发布一些行业里面最实用、对大家都有帮助的内容，或者有时写一些自己的经历，用真挚的语言去感染别人，让他们不由自主地想认识你，这样你才能达到发布广告的最佳效果。

网络营销最重要的目的是能让别人信任你，而这个"信任"很重要，需要时间的考验，更需要实际的验证。所以网络营销切忌急功近利，多帮助别人解决问题，先交朋友，慢慢才会产生合作。

案例分析 -

从论坛上找来的客户

我有段时间喜欢泡论坛，有时间就在上面和大家一起灌水，认识了一些比较投缘的朋友，其中有一个是和我同在一个城市做外贸的小姑娘。那时她还是刚刚毕业走出校门没多久的外贸新人，会有很多问题请教我，我不懂的就会帮她去问别人，总之会尽一切努力帮她解决疑惑。后来有一天她突然问我，空运的 DDU 能做吗？那个国家我们有自己的代理，所以是没有任何问题的，就这样接了她委托的第一票货物。后来她换了工作，也把我介绍给她的同事、认识的朋友。时至今日，不管是她还是她介绍的人都陆陆续续还有货物在我这边走。其实从认识到有业务往来这个期间基本上都没有提及过业务，只是她对我的一种信任，以及我对她的帮助让她觉得我能够胜任她所委托的货物。

以下介绍几个大家都能用到的物流网站：

福步外贸论坛：bbs.fobshanghai.com。

锦程物流网：http：//www. jctrans. com。

中国物流论坛：http：//www. info56. cn/。

中国制造网：http：//cn. made – in – china. com。

阿里巴巴：http：//china. alibaba. com。

----

4. 关系营销——目的明确

关系营销是营销的一个深层次，千万不要理解为完全靠关系去开发市场。很多公司的主管销售领导有时会误导新的货代业务员一开始就去找身边的关系去做销售，来完成自己的业绩。这其实是一个很大的误区，一个刚步入货代行业的人，对各种操作、货物运输的途径、所需要的手续都不了解，就去做自己身边的关系，或者说父辈朋友的一些关系，可以让客户放心吗？一点都不专业的货代人，很容易会把自己身边的关系做砸。因为他自己也不知道如何去应对货代工作中形形色色的专业问题，又怎么能让别人信任呢？

我这里所说的关系营销，是指通过上面几个步骤的积累，浪费了一些自己并不知道的资源以后，自己慢慢地成长起来了、专业了，能够帮助别人解决问题了，这个时候你的关系营销学就会慢慢显现出来。客户会帮你介绍客户，朋友会主动找你，甚至同行都会把你做得好的线路推荐给客户由你来操作。

客户介绍客户，这是一些资深的成功货代业务员最大的关系营销资源。由于熟悉专业知识，了解专做的航线情况，客户会觉得将货物托付给你很放心，每次又能热心地帮助现在的客户解决他们的一些疑难问题。那么这些客户在与行业内的朋友闲聊聚会的时候，在提及谁认识比较好的货代业务员时，你的客户可以很骄傲地把你推荐给其他的客户。对于别人推荐的货代业务员，一般同行业的朋友也会比较认可。通过别人的言语帮助你做销售要比自己陌生开发容易百倍，特别是客户帮助推荐的，你只要维持住自己的本色，就能越积累越多。

每个人身边难免有一些朋友会和你的业务相关，当你的业务知识达到一定水平的时候，相关的朋友自然会主动地找到你，毕竟把自己的货物交给自己信任的朋友是最放心的一件事情。当然你必须认真对待这份信任，这样有助于你在朋友圈子中口碑的传播，货源自然也就越来越多了。

同行介绍客户，那就要看你日积月累的人品了。得到同行的赞赏比得到客户的赞赏要难很多，因为你和同行毕竟还是竞争对手。得到对手的欣赏，说明你做货代业务员真的是达到了一定的层次。那时同行会把他们不能做的一些线路，而又正好适合你的客户直接介绍给你。因为他们信任你，这个信任是对你人品的肯定。达到这个层次的时候，你就根本不用担心自己的业务量了。对于别人认为很难的业务在你这里却是易如反掌。

说到底，关系营销其实是靠着现有的圈子扩大自己的圈子。客户有朋友，朋友也有朋友，同行更有客户，这样一层一层地扩大自己的人脉圈子，还愁找不到货源吗？只是要做到这个层次，需要自己一直的坚持，得到大部分人的认可。谨记一句话："好名声要用一辈子去维护，而坏名声只要一次就够了。"

5. 针对性营销——一个萝卜一个坑

针对性营销主要是看公司或者个人的定位，有些货代公司的定位就是专门做一类产品或者做一条航线的针对性服务。这里说的针对性营销是指货代业务员个人的定位，选择一类产品进行针对性营销，让自己在这一类产品上做到专业。

对于一些一直摸不到门道的货代业务员，应该静下心来想想自己在营销手段上是不是存在欠缺。可以从单点进行突破，以后如果做顺了，再慢慢往面上扩张。货代包含的服务项目很多，可以从中选择一个自己比较感兴趣、服务利润相对比较高的方面进行突破。例如，基本港的利润已经很透明，竞争也白热化了，那你可以从去的船公司少，相对运费比较高的偏港着手去研究，专门找这类客户群去开发，可能你每个月票数有限，但是利润上却不见得比别的货代业务员少。如果你觉得做海运整箱、拼箱，竞争都比较激烈，那么就可以做危险品这一类。去找一类危险品去熟悉整个服务的流程，需要的单证，报关、装船等各方面的要求，让自己对这一类危险品变得非常专业，然后专门去找寻出做这类危险品的客户，我相信结果会令你满意的。

针对性的潜台词是专业、知识面广，不专业对做一些普通货物或者熟悉客人的货物是比较有优势的，但是遇到一些特殊货物，真正值得客户信任的还是你的专业水平，不专业的货代业务员很难让客人放心地把货物托付给你。如果你正好很专业，而且能让客人感觉到你对他的产品很熟悉，那么他对你的信心就会增加很多。即使遇到一个多年的老业务员，他没你那么熟悉客户的产品，那么你一样可以在竞争中处于优势地位。这个也就是在局部取得绝对优势并最终赢得客户的一个突破点。

案例分析

小沈是一家货代的业务员，大学毕业进入货代行业一直找不到门路，几个月下来都没任何成绩，来自公司和自身的压力让他有点沮丧。一天晚上小沈回到家后，仔细想了一下所在公司的特点，总结了自己这段时间失败的原因。他发现自己这几个月所做的就是打电话、报价，对公司特色的服务却不是很了解。在木材进口这方面，自己所在的公司的业务能力在当地是港口数一数二的。从那天以后，他花了整整一个月时间去熟悉公司木材进口上的种种问题和流程，虚心向操作请教这方面的问题。一个月以后，他跑去当地做木材进口的一个交易市场，守在门口，看到进去的集装箱就拦下来，装作门卫检查货单（当然也可以闲聊，发发烟给司机什么的），将信息记录下来，然后按照收货人的信息，一家家登门拜访。很多收货人都对小沈的专业知识非常认可。这样不出一个月，小沈就开始出单，而且操作起来得心应手。半年下来，小沈的业务量已经超过公司很多的老业务员了。

分析：这个案例就是针对性营销的典型案例，结合公司的特色，专门钻研货代中的木材进口业务。用自己的专业和操作能力开发并维护客户，一样可以做得很好。每家货代都有自己的特点，业务员需要结合自身特点去寻找一条合适的发展之路，执着认真地去做，收获也会随之而来。

6. 报价技巧——胆大心细

报价是货代业务员在销售过程中的关键步骤，开始询价的客户，证明你已经在他们的心中有了一定地位。这时报价就是成败的关键。需要报价的客户分为两种：第一种是报价给国外客户；第二种是货物已经备好，准备出运，通过比较价格，选择货代公司。

第一种报价给国外客户，对于货代业务员来说需要提前了解清楚，报几个不一样的船公司，或者将航空公司的价格给客户参考。一般需要报低中档的价格，并且把由于时间影响价格变动的因素告知客户，以便让客户提前有所预估。也就是从一个外贸业务员的角度来为客户考虑，怎样估算成本最合适。这样外贸人就会认为你很专业，并且一直为他们考虑，更加加重了你在他们心中的分量。由于外贸的报价和货代的报价一样，成功的毕竟占少数，所以一定要不厌其烦。因为你是在帮助外贸人谈客户，他们只有谈下订单，才能有给你的托书。切忌急功近利，觉得报几次没有收获，就不理会人家的询价，或者马虎应对。那样即使人家后来接到了订单，也不一定会选择你。

第二种是拿着单子确认运价的客户，可以先确认几个比较准确的价格报给客户（一般客户都需要你第一时间报价）；再旁敲侧击地了解一些具体情况，对船（飞机）有什么要求、货物的准确数据、对运输的时间有没有限制或者一些其他的特殊要求；然后根据这些信息，推荐一个适合的价格给客户。不管最后有没有成功合作，注意跟踪了解情况，但别去诋毁别人的报价，竞争是公平的，选择权在客户那边。

不论哪种形式的报价，切忌报出去价格之后又调整（除非客户已经决定给你做，需要你再申请一些价格）。不管客户怎么压价，请坚持自己的底线。因为你这么容易就降价，客户就会认为中间还有价格可以谈，只要你保持的是正常利润，就请坚持自己的原则。记住自己每次报出去的价格，虽然现在电脑可以存储聊天记录，但还是不如写下来保存的有效。特别是你自己感觉比较重要的客户，最好将每次的报价都做详细的记录，下次客户再问你的时候就知道自己前面的报价，这样才能更好地做出以后的报价。

报价要求胆大，就是需要坚持自己的原则。报出去了，只要是正常利润，就不要害怕被别人抢而突然降价，那是货代业务员的一种魄力。心细，就是货代业务员就应该比别人做得更多一点，只有你对客户越了解，客户才会越来越信任你。如果你连客户前一次询问你的价格都答不出来，那么你怎么让客人相信你能很好地完成他们的托付呢？所以胆大心细是对报价最好的诠释。

7. 诚信销售——成功之本

诚信在现在的货代行业中越来越重要了。网络时代，信息传递很快，不管是公司还是个人有了不诚信的记录，很快就会被同行和外贸人知道，以后的发展就会多多少少受到影响，对公司声誉的影响尤为巨大。

货代业务员的诚信需要用很长时间去维护，如果一直从事货代业务员工作，甚至需要用行业的生命，直接说可以是一生的诚信去维护自己的信誉。正如一句俗语所讲：做好人需要一辈子，但是做坏人只要一次就够了。这句话也是对一个优秀的货代业务员最好的诠释。

一个讲求诚信的货代业务员的心理是，我可以不接你的货物仍然和你是朋友，但是我接了你的货物，我就得承担失去朋友的风险，所以我更要加倍小心地去做。一个优秀的货代业务员也不会乱给客户承诺一些不切实际的话，承诺的就一定会做到。毕竟货代这个行业有很多不可控因素，需要客户的体谅，这样才不至于毁坏自己的信誉。

诚信货代业务员可从以下三个角度来引申：诚信做人、诚信做事、诚信销售。诚信做人：这里是指对自己要诚信，作为一名业务人员，答应自己的事情首先要做到，这是诚信的最基本原则。给自己一个准则，除非特殊情况一定要准时甚至提前到达公司，为一天的工作做好前期的准备；每天需要做多少事情；这个星期预期拜访多少客户；计划了就要尽全力去完成，这个是对自己的诚信，也是诚信销售的第一步。诚信做事：今天领导安排的事情只要是合情合理的，就一定要保质保量地完成；答应了同事的事情，不管多少都要按时完成；和朋友的约定只要自己答应了，就一定会准时赴约，尽量不说"我不会做"这类话，而是要想办法完成，不管结果如何，尽力了就不会后悔。诚信销售：既然能做到前面的，那么做一名优秀的货代业务员也是很容易的，答应客户的事情肯定要做到，不会乱给客户承诺做不到的事情，实实在在的报价给客户，耐心并且认真回答客户的疑问。做不下来也不苛求，虽然可能会失去一部分客户，但是最终得到的一定会比失去的多。

8. 货代心理学——论持久战

货代是做市场、开发客户、协调货物运输的服务性行业，所以掌握相关人员的心理是成败的关键，心理学也是货代业务员必不可少的一门社会学问。不要求能洞悉各环节人物的心理，至少要知道如何换位思考，站在别人的角度考虑问题，那样再难的问题也会迎刃而解。货代心理学主要分为货主心理学、领导心理学、操作心理学、同行心理学和其他相关的心理学。

（1）货主心理学

这是首要的一门学问，只有掌握了客户才会有以后的相关环节。客户也就是发货人，每个发货人都有不一样的心理。有些发货人由于产品的利润很低，所以想找便宜的运输方式；有些发货人由于货物需求很急，想找最快的运输方式；有些发货人因为货值很高，想找最为保险的运输方式；或者由于是指定货代，有些发货人正在找寻最合适的操作方式等。如果货代业务员能够了解到这些情况，从而站在发货人的角度去考虑问题，帮助其找寻最佳的运输方式，而不是一个简单的报价，成功的概率会大很多。有时客户仅仅是询问价格，核算成本，报给国外的客户。此时你站在客户的立场上不仅仅要报价，而且最好要帮助客户找中档的运输工具，报完价格按照淡季、旺季的规律告诉客户，问其是否要再增加或者减少一些运费做进成本里面，以防止将来由于时间关系导致运输成本不必要的亏损。这时客户就会感觉到你贴心的服务，加深对你的印象。

当客户有实单在手的时候，最好先了解货物的品名。通过这个你可以了解到客户所做产品的大概利润，就可以为自己选择怎样的承运方的价格报给客户有个最基本的把握。当客户与你讨价还价的时候，尽量不要一下子大幅度减少报价，那样客户就会认为你中间还有更大的"水分"存在，会有疑虑，如果加上竞争对手的突然一个低价格，客户就会更加怀疑你。所以当客户讨价还价的时候，最好让客户先委托过来，自己凭这个去向船公司或者航空公司申请折扣，这样的效果会比较好。等做下来的时候如果利润空间允许，可以在开票的时候给客户一个比较满意的折扣，这样客户就会觉得你做事很可靠，并且没有失信，会更加信任你。相反，如果开始满口答应客户会给他多少折扣，万一货物在中途发生一些不必要的费用，利润都消耗殆尽，再向客户加收费用，得到的就是一个相反的效果。研究好客户的心理，是做好货代业务员的第一步。

（2）读懂领导，保持沟通

这个是货代业务员要掌握的第二个重点，只有得到领导的支持，才能更好地服务好自己的客户。不是每个领导都能了解货代业务员的想法，所以货代业务员要学会让领导明白自己，知道领导心里的想法，有时需要站在领导的角度上想一想怎么说才能让领导信服。领导注重的是结果，因为领导无法"监控"你的所有过程，这个过程就需要你及时让领导了解。例如，拜访客户的时候，遇到一些问题（不影响公司机密的事情）可以及时打电话请示领导，在客户那边也表明了你积极的态度。即使客户没有做下来，领导也知道你在做事，已经尽力了，那么在以后的工作中，领导也会更加理解你。

还有一点很重要，领导交代下来的事情，尽量第一时间办好并给予回复。即使是自己很难办到的事情，也需要把办到哪一步告知领导，并说明自己确实想不出好的办法。直接说不会比做了以后（这个在时效上要控制好）呈现出能力有限更让领导欣赏。领导都喜欢看见自己的员工在努力做事。能这样处理好与上级领导的关系，对自己开发客户也是一大优势，为难的时候只要有领导的支持，就可以做到让客户满意。货代业务员最大的难处就是遇到问题时得不到支持，所以领导的心思一定要把握好，才能在自己的业务过程中利用优势做好自己的客户。

（3）与操作人员搞好关系

与操作人员搞好关系是你维护客户的必要手段，一个不称职的操作人员可能在你辛苦将客户带进公司之后就将客户做丢。做进客户很难，但是做丢客户很简单。有些操作人员心里可能只注重领导的订单，而对货代业务员的订单有时他们就喜欢按照规章办事，损失的不是他们，而是货代业务员自身。相反，一个好的操作人员能够帮你挖掘客户。本来客户只是给了你一部分货物，但是被操作人员的热心和操作能力所折服，就会把更多的订单给你，甚至会把你介绍给他的同行朋友。所以操作人员是一把双刃剑，掌握好操作人员的心理，加以利用，对于货代业务员来说是百利而无一害的。

人都是平等的，即使你能力很强，也千万别乱对操作人员发脾气（除非他们恶意损害你的客户）。因为没有什么事情是应该做的，他们帮你的客户操作货物你应该心存感激，能够配合的尽力配合。做得好的时候给予相应的表扬或者私下给一些奖励，甚至可以多在他们领导面前说说好话。如果客户那边心烦的时候对操作人员态度不好，你要多开导他们，哪怕让他们把火气倒在你这里，也还是需要微笑着面对。操作人员的工作是枯燥而烦琐的，适当地给他们微笑，有助于维护好客户。你想一下，如果你是一个操作人员，一个货代业务员能如此对你，你能不很用心地帮他做好客户吗？人都是平等的，虽然货代业务员是公司的核心，但是也少不了每个环节工作人员的配合，给予别人足够的尊重，那么也会得到别人加倍的回报。

（4）解读同行心理

不管哪家货代公司，基本都离不开同行的合作。要不就是找同行要货，要不就是依托同行走货，这是双向的、互相弥补的一种合作关系。所以了解了同行的心理，自然也就给自己的平台加了一个砝码。做同行货物的时候要清楚，不仅同行对价格要求很高，而且对服务的要求更高。同行那边的询价往往比较多，所以需要你不厌其烦，可能前 100 次询价（其实不用这么多次）没有一个合作的，但是后 100 次询价可能会有 20 次合作，这是时间积累的信誉。别人问你 100 次你都没有厌烦，那么足以证明你对他的重视。对待这样一个重视自己的朋友，同行心里会有愧疚，只要适合你的，都会给你做。到时你服务再跟上，那么久而久之客户会越来越多，而且同行传话效果更大，货量更集中。当你做到了耐心对待同行，价格反而变成次要的了。依托同行走货的时候，更要了解他们的心理，做人不能一直顾着自己的利益。当你有足够的利润，可以适当地让一些给同行，那么他们会心存感激，知道你也会为他们着想；当你遇到利润很低的货物时，他们也会主动给你让一些利润。相互之间的体谅，就能使彼此更加长久地合作下去。其实同行是最能理解同行的，货代工作本来就是需要朋友帮忙。研究好同行的心理学，你的业务渠道才会更加宽广。

（5）其他相关的心理学

在货代行业里需要接触的人还有很多，例如，车队中的司机，他们的文化素质普遍不高，跟他们最好不要讲大道理，只要给他们一些实惠，他们会加倍还你。去工厂装货的时候司机晚到了，你被客户抱怨了，但是你千万不要抱怨司机，因为他们也是受人安排，可能前面遇到很多难以预料的问题才会迟到，你还是要及时安慰他们。他们会很感激，以后你这边的货物，即使有问题，不用他们上级通知，他们会提前告诉你什么情况，这样就便于安排时间了。虽然司机们文化素质不高，但是都是比较朴实的，你对他们好，他们也会加倍来报答你的。又如海关工作人员，他们由于每天要看很多单证，心理上会比较倾向那些清晰明了的单证，所以你提醒客户，做单证一定要清晰明了，这样提交的单证才容易通过审核，这也帮助了客户。你还需要去了解报关员、跑单师傅、船公司等，多接触，多听别人说的话，站在别人的角度考虑问题，把这一系列的关系协调好，掌握好每个人的心理，那么你就是一名成功的货代业务员。换个角度想问题，这也是有效工作的最好途径。

9. 谈判技巧——运筹帷幄

货代业务员每次出去面对客户，就是一次谈判的过程。要在谈判中处于有利地位，是需要一定的技巧。遇强则实，遇强则强；遇弱则滑，遇弱则弱。

（1）遇强则实，遇强则强

这里的强是指专业知识的精通，因为客户的种类各有不同，很多时候会遇到比较专业的客户，这时就要根据情况来进行谈判了。如果客户的专业知识很强，你确定自己能够胜过他，那么你也可以很自信地和他应对，这样让他知道你足够专业，有能力去完成他的托付。这就是一种遇强则强的做法。当你感到自己的专业知识没有客户强的时候，你就需要表现得实实在在，虚心请教，承认自己的不足，毕竟你和专业操作还是有差别的，让客户感觉到你的真诚和实在，那么他也会放心地把货物交给你去操作。

（2）遇弱则滑，遇弱则弱

其实，大家还有个遇弱则强的惯性思维，对于不够专业的客户，自己表现得专业一些更能让客户信任，这个是基本做法。对不够专业的客户，有时需要圆滑一些，太过专业反而适得其反，多给他们一些思考和提问的时间，适当地表现自己有些地方也很薄弱，要和他们一起学习进步。这样可以让客户从心理上更加认可你，并不是你太专业了，他跟不上你的节奏，而是两个人可以一同进步，这也是一种求同存异的技巧，对谈成这个客户很有帮助。对于一些虽然不够专业，却又比较好强的客户来说，这个时候最好自己当自己是初学者，与他共同探讨。让他感觉到业务上需要他支持，专业上一起学习，这时客户的自尊心就会得到极大的满足，对你的信任自然而然就提高了。在将来有机会肯定会和你一起合作进步。

以上所讲的谈判仅仅是针对业务员面对客户时的技巧。谈判在生活、工作中无处不在，就看你如何去发现成功的谈判技巧并将它运用到销售中去，这样将对你的销售谈判大有帮助。用发现的眼光，从生活的点点滴滴中找寻别人的谈判技巧，并运用到销售中去，这样你就能运筹帷幄地对待不同的客户了。当然现实中还会遇到种种难以沟通的客户，毕竟每个人的性格和价值观是不一样的，谈判肯定会有失败的时候，请正视每次的失败，从中吸取教训。

10. 货代业务员的责任——做人之本

货代业务员要做的不仅仅是开发客户，更重要的是需要承担起一个货代人的责任。只有一个勇于承担责任的货代业务员才会在竞争中立于不败之地。这里所指的责任包含：应对问题时的责任、销售中承担风险的责任、收回货款的责任。

（1）应对问题时的责任

在货代业务员的服务中，时时刻刻都会出现大大小小的问题，需要你一个一个地去解决。一票货物能没有任何问题地顺利出运，属于少数情况。当遇到问题的时候，是否能够妥善处理好，就是一个货代业务员的责任了。遇到了问题首先不要想着如何为自己开脱，要想的是如何与客户去沟通、解决，再讨论谁对谁错。

（2）销售中承担风险的责任

货代业务员在与客户的接触中，常常会感到很为难，客户需要货代业务员承担一定的风险帮助他们。这个时候一个好的货代业务员就会根据情况，帮助客户去承担这部分风险，而不会把公司的规章制度作为拒绝承担责任的理由。其实这也与公司有关，如果没有领导的支持，有时货代业务员也无能为力。承担这个责任最关键的就是需要上下协调一致，领导需要在衡量好风险的情况下，尽最大可能帮助货代业务员。很多时候也许就是因为这样的胆识，才让客户更加信任你。

案例分析 --

　　青岛的货代业务员 B 委托上海的货代业务员 A 出运一票整箱货物，但是报关和拖车是 B 自己操作的，也就是说 A 手上除了提单并没有任何凭据能够保证 B 一定付款（一般货代业务员会有核销单作为最后客户付款的保证）。按照正常程序 B 付款后，A 将提单寄给 B，而 B 在出了提单之后很为难地告知 A，公司美元账户上面资金周转有些困难，但是提单不能拖客户的，否则损失会很大，B 希望 A 能够将提单先行寄送给他，他愿意出一份付款保函，保证货款于当月 25 号之前付给 A 公司。A 认识 B 也很长时间，凭他自己的感觉认为 B 还是一个比较可信的人，所以决定去承担这个责任。但是公司出口部没有一个人支持 A 这样的做法，都认为风险太大。A 就写邮件给老板，并抄送给出口部的负责人，很幸运 A 得到了老板的支持，老板愿意和 A 一起承担责任。就这样 A 将提单寄给了 B，而后来 B 也按照约定将货款及时付给了 A 公司。虽然在没有收到货款之前，A 会一直提心吊胆，但是 A 这份承担责任的勇气是值得肯定的，其实很多公司需要这样的货代业务员。结果当然是 A 得到了 B 更多的信任，合作也越来越频繁。

　　分析：在没有其他保障的情况下，交付提单的风险是最大的，这中间需要对客户有着绝对的信心，如果不够了解客户而胡乱去承担这个风险，换来的可能就是自己极大的损失，所以当遇到这样的风险时还需要衡量好利害关系。

（3） 收回货款的责任

应收账款是货代业务员的最终责任，前面做得再好，账款收不回来只会给自己和公司带来极大的损失。这就要求货代业务员在开发市场的同时一定要多了解客户的信誉，为公司也为自己降低风险。

不是只要把货物拉回来就是优秀的货代业务员，能够把货物拉回来并且及时收回货款的货代业务员，才是一名优秀的货代业务员。这需要货代业务员有敏锐的洞察力，对信誉可靠的客户可以放长收款的期限，但是对于信誉不好的客户一定要收到账款才能把最终货权交给他。利润多少是小事，及时回笼资金对公司资金的流转也是有很大帮助。相反，利润再多但是收款期限长，那么大部分的利润也会被资金的滞留消耗殆尽了。

对货代业务员来说，保障货款的两道阀门是提单和核销单，相对最有效的是提单，因为提单是物权的凭证；核销单的效果要比提单小得多，但对于合作顺畅的工厂类客户来说核销单也还是有一定的作用。而其余的协议、保函等都是次之的约束力。一般来说，从事国际贸易的个人或者团体的信誉度会比较好，毕竟国际贸易中最重要的就是信誉，但是不排除有很多不法分子，利用别人的善心做一些恶意欺诈的活动，所以在合作之前，还是需要了解清楚客户的信誉，这个是收回货款的保障。

（4） 应对危机——能力体现

曾经看过一本书《NO EXCUSE》，其实相信很多人都看过，只是每个人从中吸取的东西不同而已。有些人甚至写过批判此书的帖子，说书上写得太绝对了，那是军人的作风，在工作中存在多种客观原因让我们无法达到预定的目标，为什么不把理由解释出来呢？只有机器人才会只有"YES"或"NO"两种指令。其实大家有没有想过这本书的最终目的是让人们学习先从自身找问题，想办法去解决问题，宗旨是遇到问题不要先开脱责任，而是先把问题解决了再去追究过程和理由。

没有遇上金融危机的时候，很多货代业务员也会为自己达不到指标而找种种借口，公司平台不好、竞争太激烈、客户态度不好、价格达不到客户要求等。其实这些人有没有真正总结过自己失败的教训呢？客户为什么不能接受你，是你自身的专业知识不够，还是你与客户的性格有所冲突，更或者是你无法知道自己下一步该如何跟踪客户，面对拒绝你还能不能一如既往保持那股拼劲呢？这些问题在结束一天的工作后你会静下来思考吗？你考虑过怎样去改变目前的状况吗？

而如今遇上了金融危机，有很多货代业务员已经陆续离开这个行业，即使在继续奋斗的相当一部分人也是一直灰心丧气地对待每天的工作，抱怨市场低迷，抱怨竞争激烈，更抱怨公司的价格怎么总是竞争不过其他公司。

在这样的危机中，一个好的货代业务员会重新审视自己，以前做得不好的会更加努力去做好，做得好的会继续保持。客户货量下降了，那么就可以有更多精力去开发新的客户，为将来做好铺垫。货量是少了，但是货代公司也少了，所以权衡下来市场份额还是差不多的，只是看你如何去把危机转化成自己的机遇了。

货代业务员销售的产品是服务，但实际销售的其实是自己。在面对危机的时候你的人品决定一切，多一点付出，不一定会有多一点的回报；但是如果你不付出，那么肯定不会有回报，只会在危机中越来越远离这个行业。少点让自己颓废的借口，多一点激情，学会时时刻刻从自身去找问题，那么即使在危机之中，你还是会有所回报，等危机过去了，也是你真正收获的时候。

应对危机，没有抱怨，乐观积极面对的人，才是真正的强者。

11. 销售失败——月有残缺

不讲成功，却来讲失败。相信读者也应该知道，在销售过程中，成功往往只是少部分，而我们面对更多的却是失败。成功能够给我们带来物质和精神上的满足，但是不可避免，这些成功都是由无数次的失败所造就的。所以我们更应该重视每一次的失败。

货代业务员不可能做到十全十美，即使你做得再完美，但总会有各种原因导致你失败，而且是不可挽回的失败。不必灰心，因为有时残缺也是一种美。我只讲述几种比较遗憾的失败，甚至可以说是无奈的失败。

第一种是被区域所左右，各大港口所在的城市有其天然的地理优势，而周边的城市有时就会被区域所左右，只能做本城市或者周边几个城市的货物，而很难做全国的货物。

虽然各大港口周边城市的货代业务员做的港口和港口所在城市是一样的，但是由于外围的一些客户只认港口所在城市的货代公司，尽管服务和价格都是差不多的，有时甚至比客户所寻找的港口货代拿的价格和服务上都更有优势，但是发货人还是不相信不在港口城市的货代公司能以同样的服务操作他们的货物。这是一种思维的定性，认为对应的城市应做对应的港口。其实即使是港口所在城市，货代公司之间一样是取长补短，互相订舱。所以，即使不在港口所在城市，只要平台一样，价格和服务也还是一样的。这种失败原因让人很无奈。

第二种是被价格所左右，永远不要怀疑市场上存在更低的价格。

在市场经济环境下，不要认为自己拿到的一定是最低价格，永远会存在更低的价格。或许正应了一句话，山外有山，人外有人。货代业务员只要选择最合适的、客户能够接受的价格即可，保证自己有相应的利润空间，那就是一个最佳的销售态度。

货代业务员的宗旨是服务，千万不要一开口就对客户说你的价格最合适，这只会让拿到比你低价格的外贸人笑话。撇开船公司的区别，即使同一家船公司，你是船公司的庄家，也不能保证你拿到的就是最低的价格，因为还有很多种方式可以得到比你更低的价格，只是采用的方式和计算方式有区别而已。加了绝对词，其实也是把自己逼上了绝路，这种原因的失败是愚昧的。

第三种是被现实所左右，这种情况，很多资深的喜欢帮助别人的货代业务员应该都会碰到。一个刚刚步入外贸行业的新人，天天找你问问题，看着那份好学的精神，再忙也不忍心拒绝他。随着时间一天天地过去，按照常理都应该是朋友了。新人慢慢变成了熟练的外贸人员，手上慢慢开始有了订单。他们还是会向你询价，能够热心助人的货代业务员，一般都会有自己的原则，绝对不会像那种只图利益的货代业务员一样，用不合常理的价格和回报去欺骗自己的朋友。可是最终自认为是朋友的他们还是抵制不住现实的诱惑，选择了他们自认为有价格优势，并且能得到相应回报的其他货代业务员。这就是俗话讲的，教会了徒弟，饿死了师傅。这些人为什么没有想过：在你们需要帮助的时候，那些给你低价格的或者说给你所谓回报的货代业务员在哪里？难道那些无私的帮助真的比不过现实的利益吗？在销售中，这是最让人伤心的失败原因。

12. 经验分享——成功的秘诀

讲了这些销售技巧和失败的经验，只要认真看，每个人应该都能从中悟出点道理。关键做货代的时候，不管是新人也好，老人也罢，最重要的是从开始就给自己一个规划，然后按照自己的规划一步步去实现。规划容易，执行却是最难的，这也是成功和失败的关键点。记得曾有一名货代业务员朋友向我提起他的规划：进入这个行业简单培训后，每天（工作日）至少打 100 个电话，每天至少积累 5 家潜在的客户（能要到聊天工具，或者聊起来比较好的），1 个月按照 22 个工作日计算就是 110 个潜在客户，这样坚持 3 个月，差不多就有 330 个潜在客户；从第 4 个月开始约见拜访这些潜在客户，每天 2~3 家，1 个月就有 66 家，持续 3 个月下来就有 198 个客户。这样 6 个月下来没有客户是不可能的。后期就是维护客户，再找关系去开发，做得好的时候客户会不停地帮你介绍其他客户，差不多一年以后就是真正的收获期。他自己就是这样做的，差不多一年后，手上有十几家稳定客户。与这些客户合作都很好，并且不断帮他介绍新的客户，即便处于金融危机的时候，他每月的业绩也从没低过 1 万元。从这个货代业务员朋友的规划中可以看到，有这样的工作态度又怎会不成功呢？做货代业务员的人数不胜数，最后成功的又有几个呢？不比别人更努力一点能走到最后吗？

从业道德

货代这一行，前期进入的门槛很低，人员素质参差不齐。按照一贯的思路，只要能拉到货的就是好货代业务员，不管你用什么样的方式。随着越来越多的高学历人才进入外贸这个行业，对货代人员的从业道德要求也越来越严格，市场也越来越倾向需求方，要让自己在竞争中处于不败的地位，需要一定的职业操守，公平竞争，善待对手。

1. 不遵守行规的做法

下面讲述的就是一些不遵守行规的行为，最终都会是作茧自缚。

（1）恶性竞价——损人不利己

恶性竞价是很多货代业务员抢客户的手段之一，其实最终自己也没有得到应有的利润，得益的是客户。别人的价格比自己的有优势，有些货代业务员就会索性不赚钱也要把客户抢过来，一味降低自己的报价，让客户感觉其中存在很大的利润空间，就会不信任认真给他报价的货代业务员。最后货是拿到了，其实自己也没有什么利润，算上汇率的手续费等反而是亏本的，还责怪客户太会压价格了，说这样的客户不是优质客户。其实，把客户变得越来越计较价格的始作俑者还是自己，想长久合作也只能一直用低价格来维持，否则客户最终还是会选择别人。

⚜ 案例分析 ⚜

拼箱当中有一些线路成本很低，最后国外代理会与国内代理分享目的港收取费用的利润，对于同行来说，这部分其实不仅是免费运输，而且上一级代理还会按照货物的体积、重量退还相应的利润。本来这部分是一些二级代理维持利润最好的一个源泉，也是行业内的一个潜规则。而如今，市场竞争愈加激烈，很多货代业务员直接告诉客户这些线路是不收钱的，还将一定的佣金退给客户。导致不明白情况的客户会问曾经合作的货代业务员为什么会这样？哪有货物运出去不要钱还能拿钱的？无奈之下解释了，客户就知道了。原来有一些线路可以不出钱运输，而且自己还能从中受益，客户开心了。本来一些货代业务员是以这些为主要利润的，现在至少也得拿出一部分分给客户，这就大大压缩了自己的利润空间，但是为了维持客户，只能一直这样做下去了。有时还会让先前合作过的客户误以为之前欺骗了他们，从而失去了客户的信任。

分析：将自己行业的潜规则透露给客户，是一种愚蠢的做法。行业需要生存，必须有一定的利润空间，用一味的退让来换取客户，只会让自己慢慢走入绝境。

（2）低报高收——不见天日

这种报价手段一般都是用在那些非常计较价格的客户身上。一些货代业务员认为这类客户本身就不是优质客户，能够一票货物多赚些利润就多赚些，不会考虑将来的合作和自己的声誉。具体的策略就是报最低的价格给客户，有时甚至低于航线的成本运价，先把客户的委托权争取过来。等到货物进港以后，出提单的时候再告诉客户，船公司涨价了，或者提出某某附加费增加了等原因，需要客户多支付很多费用，才能把提单寄给客户。这时一般客户受制于货代业务员，是没有办法不付钱的。尽管没有了以后的合作，但是这票订单的利润足够货代业务员一个月的业务指标了。客户也不是不明白其中的"秘密"，吃了暗亏总想着要曝光，所以就会到处宣扬这家货代公司多么的"黑心"，多么的不诚信。面对这种不尊重行业道德的行为，其实客户也是有责任的，自己的选择就需要为此承担相应的责任。

低报高收最后的结局大部分是两败俱伤，客户原本想省钱，结果却付出了更大的代价；货代业务员狠赚了一次，但是可能失去了自己的信誉。这样的做法也就是"见光死"，但是在极端心态下，还是会有一些人去冒险的。

（3）暗抢客户——作茧自缚

暗抢客户，基本上是发生在同行之间的互相委托上。有些货代公司看到同行委托给自己的某家"直客"的货量很大，不甘心只赚取少量的同行利润，就会想办法直接跟同行的客户进行接触，透露给客户，其实你的货代业务员是在我们这里订舱的，你还不如直接在我们这里订舱，能够省去中间的环节。这样做的成功概率要比直接开发陌生的客户高出很多。当同行发现客户被抢的时候，一下子也不会怀疑到上家，但是时间还是会让失去客户的同行找到最终的原因。那时对于同行这样的做法的最终结果是，这种行为在行业内传开来，没有多少同行再敢与你合作。缺少了同行信任的损失会比拥有"直客"信任获得的收益大得多。

〄 案例分析 〄 -

SHSZ 是上海 SH 公司的分公司。SHSZ 利用总部的平台开发到一家很大的工厂客户，每月的空运出口额占到公司总体利润的 20% 左右。具体操作都是由 SH 总部操作，而总部得到的利润只是一些操作费用。SH 总部的领导感到很不平衡，就派 SH 总部的货代业务员去这家工厂进行谈判。客户那边认为能够直接由 SH 总部操作会省心很多，所以就直接将订舱权转移到了上海，导致 SHSZ 突然之间损失了公司 20% 的利润来源。后来发现竟然是 SH 总部抢走了自己的客户。SHSZ 从此失去对 SH 总部的信任，开始在外边寻找自己的独立合作方，更多的时候只是形式上给总部一些订单操作。

分析：SH 总部是得到了这个大客户，但是却失去了自己分公司的信任。本来属于自己公司的货物，分公司都定给了同行公司，损失了自己整体的货量，便宜了同行业的代理。从长远角度分析，航空公司都是对货量越大的代理越看重，把自己的货物都分散了，没有了凝聚力，也就缺少了最终真正承运人的支持，自己得到的只能越来越有限，这不正是作茧自缚吗？

（4）急功近利——丑态百出

急功近利是货代新人最常出的问题，为了完成公司的固有指标，会想尽办法得到客户。看到客户批评同行的不好，也就去附和；即使有了订单，也只会想着怎么运出去自己才能获得最大的利润，忽略了怎么帮助客户最合理地运输；到处"忽悠"，拿到订单却发现原来自己做不了……

案例分析

小例两则

案例1：货代业务员 A 接到一个客户要运到雅加达的小箱，他想的不是如何尽快安全地帮客户将货物运输出去，而是想着怎样赚取更多的利润。同行应该都知道去雅加达的货物，拼箱要比整箱利润大，而且可以说是暴利。货代业务员 A 竟然将客户的一整箱货物拆成拼箱运去雅加达。结果他自己是赚了很多的利润，但是却给客户带来了巨大的损失，可能导致客户失去其国外的客户。因为拼箱和整箱的货物国外收取的费用有很大的差别，国外收货人需要多支付很多费用才能提取货物。

案例2：货代业务员 B 进入货代行业没多久，急于出成绩。当他得知 Z 工厂的单证员和其他货代业务员之间合作存在着佣金问题时，就找到了 Z 工厂的老板，并把这一情况告知了 Z 工厂的老板。Z 工厂的老板答应将货物给他出，并有一定的利润空间。但是当他开始操作货物的时候，Z 工厂的工人不配合他装柜，单证员不配合他提供报关资料，这样做业务能长久吗？

分析：以上两则小案例，正是急功近利的最大表现，只在乎自身的利益，而忽略了货代业务员的责任，没有考虑怎样为客户着想，虽然得到了一时的利益，但是损失的却是永远的信任。

（5）利益关系——社会现实

现实一直都是很残酷的，即使你有再高超的销售手段，再热心的帮助，有时还是必须屈服于社会的现实之下。有发货权的人跟货代业务员之间有利益的关系，已经是行业内公开的秘密。

案例分析 -

外贸业务员 A 和货代业务员 B 关系比较好，A 比较信任 B，经常从 B 这里询价，每次 B 都不厌其烦地报价、解释。A 的经理 C，一直用一家货代业务员 D，前面几次 B 报的海运价格和 D 差不多，C 要求 A 要从货代业务员 D 那里出货，价格差不多，A 也就没有太多的计较，毕竟 C 是上级。但是有一次问到一票空运货，D 的报价是 28 元/千克，而 B 的报价是 21 元/千克，价格相差很大，而 A 的成本预算差不多也是 B 报的价格算出来的总和。C 还在为 D 辩护，说到达那个地点只有唯一的一趟飞机，所以价格高。而当 D 得知货物受到别的货代业务员的竞争时，突然将报价调整成 20 元/千克，每千克之间差了 8 元，这个差价在空运货物中不是一个小数字（一般空运利润能够有 2 元/千克就已经很不错了）。这样的变化 A 一看就知道 C 和 D 之间有某种必然的利益关系，找寻种种借口就是不让 A 用自己信任的货代业务员。如果没有 B 的报价，A 自己都不知道要被 D 多收多少运费。这样的 D 是一个合格的货代业务员吗？我相信大家心里都会有正确的答案。

分析：关系固然重要，但是利用关系牟取暴利，终有一天会失去人心。

（6）隐含报价——害人害己

隐含报价，是金融危机带来的一个最大的危害，主要针对的是拼箱（近洋的航线一直存在）。为了节约国内外贸厂家的成本，很多货代业务员把燃油附加费等一些杂费与实际运费拆分开来报价，甚至不直接把燃油等附加费加进报价中报给客户，导致一些正规报价的货代公司与之价格相差很大，一般一个立方会相差 30 美元左右。但是，这部分费用不会不收，而是转嫁到国外收货人那里，立方数小的时候国外收货人还感觉不到什么，但是当立方数大于一定的数量以后，国外收货人就能感觉到收费的不合理，然后找国内发货人投诉，最坏的结果就是直接停止了合作，导致外贸业务员丢失了客户，货代业务员自己也损失了客户。这样不是害了别人也害了自己吗？现在这一招让国外发货人学会了，也把燃油等附加费转嫁到国内进口商的头上。

案例分析

外贸业务员 A 有 10 立方米的货向货代业务员 B（A 是 B 的长期客户）询价到纽约 LAX 的拼箱价格，B 报了 35 美元/立方米。A 同时也向货代业务员 C 询了价格，得到的是 5 美元/立方米，A 觉得 B 报价太高。B 没有接到 A 的托书也没太在意，他以为 A 只是询个价。而 A 将货物托给了 C，出运等一切都还顺利，A 暗自庆幸认清了 B 的为人。等到半个月左右，货物到达目的港之后，国外客户发来投诉邮件，说国外代理多收了他们 30 美元/立方米的费用。A 这时再去问 C，C 只是轻描淡写地说，"我报价没加燃油附加费，自然要向国外收了"。A 这时才如梦初醒，可是已经来不及挽回了，虽然后来他知道自己误解了 B，但是却丢失了自己辛苦开发下来的客户，就为了一时的价格差。

分析：一般拼箱的差价不会很大，顶多 5～10 美元的差价，当差价大于自己的估算的时候，一定要问清楚是不是还有附加费没有含在里面。羊毛终究出在羊身上，不在这边收取，肯定会向国外收货人收取，请权衡好利弊。

2. 应遵循的从业道德

(1) 维护开拓——销售的最高境界

年轻的时候只在乎开发的技巧，却忽略了真正的销售境界。前面讲的都是技巧，真正的销售到最后就是境界。这个境界就是你的心里能够明白怎么做才是真正的销售高手，而最高境界的核心——老客户的维护。

物以类聚，人以群分，这是古人教给我们的至理名言。我们的客户是做外贸，做关务，做物流管理的，那么他们身边必然有着同样的一圈人，和他们从事着相同或者相近的工作，而这部分人是最容易被他所影响的，茶余饭后聊起自己的货代，带着那份骄傲，你说旁听者们能不心动吗？我要是也有这样一个货代该多好呀！

怎样才能让你的客户主动为你宣传，为你开拓呢？那就是我们要说的老客户的维护，我们必须要保持感恩的心，对于信任支持你的客户给予最好的维护。当然不是一概而论的，而是根据客户的情况给予不一样的关照，小到逢年过节的礼品，大到接送小孩老人的任务，都是我们做销售需要去做的，能够帮助客户处理他来不及处理的私人事情，也就是你真正走进客户心里的一个根本。或许这用新的网络用语来形容就是"跪舔"，但是只要你是发自内心的，那就是感恩。

"感恩"这两个字，才是销售真正的最高境界。当你能够为自己取得的财富而不忘感恩每一个给你帮助的人，那么你的财富会积累越来越多，人脉也会越来越广。你不会局限于一时利益的得失，而是着眼于长远，暂时的损失哪有长远的收益来得多。关键还是在于用感恩的心态维护好自己的每一个老客户，通过老客户的人脉去开发新客户，会有事半功倍的效果，也会让你的客户源源不断。因为即使两个人是朋友也会有不一样的人脉圈子，这会让你不断积累，不断得到最衷心的客户。这样的扩展才是良性的，这才是老客户维护，才是保持感恩之心的最大威力。

案例分析

小饶进入货代行业的时候就是一张白纸，但是他有一颗执着和感恩的心，所以领导也很看中他。虽然一开始几乎没有业绩，不过努力就会有收获。终于功夫不负有心人，小饶遇到了一个小客户，给了他在这个行业继续呆下去的勇气。其实任何行业都一样，有了一那么二就来得相对容易一点。正是因为有了第一个客户而增加了信心，后面小饶的客户慢慢就积累起来了，至少收入保证他在大城市生存不是什么问题。因此小饶一直感恩第一个给他勇气的客户，尽管平时这个客户货量并不大，小饶还是经常买各种礼品送给这个客户，而且是不计成本，只要他有钱，茶叶每次都是买最好的新茶，一送就是两盒。日积月累，他成长了，这个客户也成长了，货量越来越大，小客户变成了大客户，而且客户从不会找别的货代业务员去比价格，一心一意跟着小饶，并且还时不时给小饶介绍客户。这样几年后小饶一年的收入是一般白领所不能比的。现在的小饶已经在大城市买了房子，结婚生子，这一切的幸福都来源于他懂得感恩，用真诚的心去维护第一个支持他的客户，换得自己后来的成就。

管理技巧

一家好的货代公司，离不开好的管理，管理者有时必须放弃私人的利益来整合团队的总体成绩。这当中的管理是需要技巧的，不是每个人都能够成为管理者，更不是每个人都能够做好管理，一个好的管理者要承受的考验是巨大的，怎样去协调好各个环节是关键。下面讲述几个主要的方向。

1. 团队销售——1 + 1 > 2

既然是公司，首先考虑的应是销售，有了业务才有后面很多环节的补充。但是，单打独斗、自私自利的模式在大多数货代公司里面都一定程度上存在着。特别是销售团队的领导者，看重的不应该是货代业务员个人的业绩，而应是团队的凝聚力。如果一个销售团队有足够的凝聚力，那么他们之间可以取长补短、互相帮助，一起去开发客户。一个人可能一个月只开发两家客户，但是两个人合作就可以开发五家，这样算下来是哪个更合适呢？何必为自己得到的是哪家客户而计较呢？一个人的力量总是有限的，当有客户的时候，应该拿出来，大家一起讨论攻克的方式，一起努力把客户做下来。一个人有时遇到很难谈成的客户就想放弃了，但是一个整体就可以给你无穷的斗志，大家一起想办法怎样去开发，然后争取把困难的客户做成。这样，团队的客户又可以多出一个来。两个人一起去见客户会比一个人收获更多，并且谈判的过程也可以互相弥补，让客户感觉我们更加专业，也会对公司更加信任。而相反，每个人都只顾自己，独来独往，能力较强的货代业务员会给公司带来一定的利润，但是能力稍差一点的货代业务员则会慢慢失去信心，甚至离开团队。这相比用一个拥有凝聚力的团队一起去创造利润，中间损失的肯定比得到的多很多。

案例分析

　　有这样一个销售团队，销售经理带着三个货代业务员A、B、C。A处世比较圆滑，很会做销售，也很能讨客户的欢心，并且公司上下他也都能够自如应对。而B和C是属于老老实实做事的人，每天用心做着货代业务员应该做的事情——电话销售。B和C几个月下来都还积累了不少对其信任的客户。这个销售经理也在自己做业务，平时没有教货代业务员更多的业务知识，怕货代业务员知道自己的东西后超过自己，并且还督促B和C努力打电话，觉得有希望继续开发的客户就留给自己。A比较清楚销售经理的为人，所以处处提防着，靠自己圆滑的性格做了不少的客户进来，并且慢慢和老板处理好关系。B和C在销售经理的剥削下，只坚持了半年，实在达不到自己的理想状态，只能选择离开。销售经理虽然暂时从B和C那里得到了一些客户，但是通过合作，客户也慢慢丢失了。适合B和C的客户并不适合他，并且做销售和做人的关系很大。A则是半年内获得了老板的绝对信任，在销售经理业绩低落的时候，A做了些手脚让老板开除了销售经理，这样公司里除了老板就是A的权力最大。A等到翅膀硬了，主动离开，自己单独成立了公司。

　　分析：本来这个销售团队是一个很好的组合，只是带领的人不具有团队意识，把团队看成自己利润的来源，终究自食其果。而公司由于信任错了人，最后的损失更大，不仅团队瓦解了，所有的货代业务员都离开了，一切又得重新开始。

2. 制度管理——以人为本

制度是公司成立以后必须制订的，用来约束员工也约束自己。制度是死的，人是活的，管理是人和制度的结合，需要适度管理。公司再小，没有一个制度就没有一个奖惩的依据。公司再大，光靠制度也会显得太死板，让员工感觉不到温暖。制度里面包含了上班时间、工作着装、工作的职责、工资制度、奖惩规定和公司保密制度等，这些都是必要的。规定是出来了，但是根据具体情况，是需要做一些适当的变通。例如，恶劣的天气环境影响了到达公司的时间，这就需要用人性的手段加以调节，使员工真正感觉到公司具有人情味。又如，有人做了损害公司的事情，情节严重的一律按照制度清除出公司，此时如果看关系、讲人情，那么将来会受到更大的惩罚。再如，领导犯错了，要公开透明地给予一样的处罚，因为这样才能让大家感觉到领导和自己是一样的，每个人都是公平的，大家就会不由自主地遵守公司的规章制度。在制度管理中夹着人性化的管理，把公司的员工都团结在一起，让公司的凝聚力不断增强，再大的困难，也能一起承担。货代是服务性的行业，需要各个环节的人员团结一致、精诚合作，才能将这个服务做好。

3. 严于律己——公司之魂

这部分内容，主要是针对公司管理层来讲的，在货代这个服务性行业中，很多老板可能自己都会有一定的客户和应酬，确实比较辛苦，加上公司日常的一些琐碎杂事，在公司有时就会疏忽对自己的要求。上班不准时，穿着不注意，这些多多少少都会给员工带来一定的负面影响。其中对领导要求最为重要的几个环节是诚信、守时、大度、高效。

诚信是一个比较大的概念：对外坚守诚信能提高公司的信誉，让越来越多的客户信任公司，对公司的发展有着举足轻重的作用；对内坚守诚信，能让员工知道领导不会轻易承诺，但是只要领导说到的就一定会做到，让员工对领导有足够的信服度，这样大家才会更努力地去工作。

守时，这点对于很多领导来说是比较难做到的，但又是必须做到的。如果领导不管风雨，每天都能准时到达办公室，那么员工自然也会要求自己准时，领导能做到的，员工当然更要做到。如果相反的话，员工就会想领导自己做不到，却要求我们做到准时上班，便会有逆反心理。虽然制度可能会有约束，但是这种不满的情绪会带到工作中去。守时还表现在开会上，说好的开会时间就一定要预先把工作处理好，不能拖延开会时间；外出见客户，不能因为是领导就可以拖拖拉拉，那代表的是公司形象，一定要尽量做到守时。

大度，这个是领导必备的风度。如果没有一个"宰相肚"，怎么去掌好公司这条船的舵呢。没有人是十全十美的，每个人都会有自己的缺点，有时对别人的评论需要一笑而过，但是自己需要进行必要的反省。或许在和员工闲谈的时候，或许在偶然路过的时候会听到一些令你不开心的话，但是必须保持风度，背后听到的不一定是真实的，要信任自己的员工。有问题的时候可以与员工面对面地交谈，充分沟通，这样才能展现出你的领导风度。

领导是公司的灵魂。事情到了你这里，如果解决不了，基本就要选择放弃了，如果能够解决的，请迅速做出反应。因为你的效率是决定整个事件成败的关键。可以先把自己不急的事情缓一下，帮着解决公司的事情，提高运作的效率。

综观货代整个行业，能够做到这样的领导不多。能够做到的有时又会遭别人排挤，很难立足。很多公司多少都存在着一些问题，但是解决的力度，或者说方式总存在着差距。希望能有更多的人明白管理的哲学，开拓市场固然重要，但是守市场是更重要的一项任务。在货代这个服务行业中，有那么多的开发者，却很难看到多少守护者，所以遇到危机的时候，很多人只能选择放弃。货代工作不难做，难的是你没有真正理解其中的服务宗旨，需要你用心去发现，从中找到工作的快乐。

第十二章　这样工作让你更高效

　　知己知彼，方能提高货代业务员的工作效率。这一章主要讲述怎样了解外贸业务员和货代业务员彼此之间的工作，怎样去面对外贸业务员从而建立真正长期稳定的合作关系，怎样规避货代行业的风险。了解这些会使在金融危机中挣扎的我们对未来充满信心，让自己在从事货代工作时更加得心应手。

寻客户，选货代——知己知彼，百战不殆

　　寻找外贸客户和选择货代业务员其实都是相辅相成的，外贸业务员不喜欢不负责任的货代业务员，货代业务员也同样不喜欢斤斤计较的外贸业务员。每个行业都有其特殊性，每个人更有其自身的人格特征，选择是相互的，既然你选择了，就请为自己的选择承担相应的责任。

　　（1）用价格让客户选择你，这样的客户不会是忠诚的客户，当你的航线价格不合适的时候，客户会毅然选择离开你而与别的货代业务员合作。你不必为失去这样的客户而心痛，因为你本来也是用价格才得到他的，失去也是

因为你价格不合适所导致的必然结果。当客户因为低价而选择货代业务员的时候，请别为他的服务抱怨，因为你选择的是价格而不是服务。优质的服务肯定是需要付出相应的报酬。更不要为货代业务员的出尔反尔而火气大增，因为你是因为价格被他俘获的，你只能为此去接受低价格的服务。

用价格进行相互间的选择存在很大的风险，服务行业把服务做成普通产品的买卖，这合理吗？偏离了物流行业的本质，终究会为各自的选择承担相应的责任。

（2）用声誉的名气使客户选择你，那么希望这个声誉在你这里不是徒有虚名，客户与你合作之后就会知道你的真实水平。如果你的服务达不到外界传闻的那样，不仅会流失客户，而且客户的评价还会给公司带来负面的影响，那么，请与客户合作的时候对得起自己公司的声誉。当客户因为货代的声誉而选择你们的时候，请做好准备，声誉只是相对的，是不是真的适合你，还需要通过合作来验证。如果是客户主动找到货代业务员而不是货代业务员自己开发的，有可能货代业务员对这一客户不一定会很珍惜。因为货代业务员有可能不了解客户，所以对于合作的成败与否，都需要看客户的运气了。

声誉这个东西是相对的，不一定声誉越大服务就越好，声誉也会带来相应的傲气。如果客户的货量达不到你要求的水平，或者你的服务和你的声誉不相符，都会因此失去彼此的信任，从而终止合作。选择适合自己的才是最正确的选择。

（3）用你的服务和责任让客户选择你，那么这样的客户是最忠诚的。因为他们信赖的是你的为人处世，即使公司里面操作人员犯点小错误，客户相信你会帮他们解决。货物运输途中发生的一些问题，客户也知道你会用心去帮助他们处理。为他们节约成本赚取自己应得的服务费用，客户很乐意付这样的费用，因为物有所值。当客户是因为货代业务员的服务和责任而选择了这个货代业务员，那么他不用担心货代工作过程中会有层出不穷的问题。因为这些货代业务员都会默默地帮他解决，除非必须由客户自己出面解决的，这时货代业务员也会帮助客户选择最合理的解决办法。只是客户需要注意，这部分货代业务员有时对你不苛求不代表他们真的没需求，只是希望用真诚打动你，所以需要你耐心地发现这些优质的货代业务员。

货代和外贸是相辅相成的，选择也是相互的。用什么样的标准去选择彼此，最终也会得到相应的结果。不用去抱怨什么，既然选择了就要等一次服务结束了才能重新选择。认真对待自己的每一次选择，才能将彼此之间的选择慢慢固定化。

货代业务员需要面对的客户群

只要有出口的地方，就有货代业务员的身影。小到一份文件，大到机器设备，不管是进口还是出口，中间都少不了货代业务员的协助。有些客户是工厂，有些客户是社会团体，有些客户是个人，货代业务员所要面对的客户也是形形色色。

1. 根据职位

根据所面对人员的职位，货代业务员大致有这几类：一是外贸业务员自己处理货物的进出口；二是公司整合给专人负责，这类人就是所谓的单证员；三是一般的工厂会设立一个专门的职位，关务或者船务，招收有经验的人去掌管货物的出口；四是一些小企业直接由老板自己掌控等，所以我们面对这些人的时候，需要掌握他们各自的注重点，才能让自己的市场开发变得如鱼得水。

（1）外贸业务员

因为外贸业务员是要开发客户的，所以需要货代业务员不厌其烦地报价，帮助他们计算运输成本等，而且时效上要求比较快，但是出货延后性大。这就要求货代业务员耐心地指导报价，给予一些善意的帮助。外贸业务员是在谈客户，但不一定会成功，所以不要对报出去的价格或者辛苦的报价期待即时性的结果，你的帮助可能是无偿的，因为外贸业务员的报价也可能会失败。所以千万不要对外贸业务员有催促的情绪，他们的客户谈不下来，心里已经很着急了，如果货代业务员此时再去追问什么，可能换来的就是一场心烦意乱的交流，最后导致互相不信任。只要货代业务员每次都用心去做了，即使没有结果，也没有必要去追问，外贸业务员也会记在心里。对待直接的外贸业务员这类客户，需要的是耐心加上细心和默默奉献，相信时间会让他们知道你是一个最贴心的货代业务员。一旦真的拿下订单，那么他们第一个想到的人就会是你。这时只要价格偏差不是很大，即使你价格高一些他们也会选择你，因为那份信任比几十美元要重要得多。

（2）单证人员

单证人员由于一直忙于单证这类的资料整理工作，做事讲求快捷、简单，所以对他们的询价需要第一时间做出反应。有时他们是小人物，有时又是关键人物。最初的时候单证人员不熟悉情况可能会由别人指定货代，但是当单证人员慢慢熟悉情况了，别人也会慢慢把货代这块的选择权力下放给单证人员，自己可以专心做其他的事情。单证人员做的是资料整理类的工作，每天都是整理箱单、发票、核销单之类的文件，工作比较枯燥，很多资料要核对整理，留给他询价的时间有限，所以货代业务员面对单证人员这类客户，需要在第一时间，给予最准确的答复。切忌花很长时间才给予回复，一次、两次过后，他们就会慢慢对你失去耐心。单证人员一般是进出口公司里面设置的职位，所以手上集中着很多外贸业务员的单子，有些外贸业务员也会提供一些自己的货代业务员供单证员比较。单证员手上的货代业务员多而杂，比较价格和货代业务员的反应时效随之产生。货代业务员做单证人员这类客户比较累，但是做熟了，只要价格相差在允许范围内，对单证人员询价在时效性上控制得体，那么也会建立长久的合作关系，甚至能够挖掘到更多的订单。

单证人员询价的订单一般是已经定下来的，所以对货代业务员而言，报价就要求尽量准确、快速，能给单证人员留下比较专业和值得信任的印象。即使一两次由于种种原因没有合作，时间久了单证人员也会对你的印象比较深刻。在他们有建议权或者决定权的时候，也就是你的机会。

（3）关务（船务）

关务（船务）因为主要负责物流出货，相对来说这个职位的人都会或多或少有些做货代工作的经验，对市场价格有一定的了解，所以他们更关注的是价格以外货代业务员的服务。这类职位一般对应的是工厂，而且货物都是即时性的。关务（船务）想的是不要因为选择了这家货代公司，做不好而被老板批评，所以他们更关注的是货代公司的服务和安全性。如果关务（船务）选择了几家货代公司（一般工厂不会只选择一家货代公司，以便应急情况出现时有备无患），一般不出严重问题一两年内是不会随便更换的。货代业务员洽谈这类客户的时候需要的是机遇和长期的等待。当工厂正好要换货代业务员的时候，而你又得到了关务（船务）的信任，那么你将是他们取代前面不合适货代业务员的最好选择。只是希望你不要因为贪图利润，做些让关务为难的事情。要时刻记住，对待工厂需要的是安全、稳定、及时地出运货物。千万别为了一点利润选择不稳定的运输方式，这样的后果就是搬起石头砸自己的脚。并且请记住，很多关务（船务）可能比你更专业，机会永远是给予诚信可靠的合作伙伴，切忌采取投机取巧的做法。

（4）老板

直接面对老板这类客户，基本上就是电话咨询。如果不能在第一时间报出准确的价格和出运时间，最好不要随意去估计，而是要放下电话，确认好准确的价格再打电话进行报价。老板这类客户一般喜欢比较热心、诚恳的货代业务员，对价格的考虑放在次要位置，他们要找的是诚实可信、能让自己放心的承运人。毕竟做了老板，眼光一般放得比较长远，不会斤斤计较运价合理范围内的差价，关注的是承运中处理问题的能力。货代业务员做这类客户的时候，切记不能总是打电话去和他们确认问题，而是能不打扰就不去打扰他们，有了问题能处理的自己先处理掉，等货物安全稳定地出运了，一次性告知，这样更会得到他们的认可。

老板具有决定权，一旦你获得他的认可，那么将是工厂或者外贸公司的长期合作货代业务员。只是做这类客户的时候千万不要以为认识了老板就可以忽略其他配合的人员，毕竟老板是不会自己做单证，自己联系出货事宜的，所以货代业务员在得到了老板的认可后，一定要把与相关环节的其余人员关系处理好，这样你才能长久地做好这家客户。

2. 根据企业规模

由于企业规模大小不等、类型不一、出口量不同，货代业务员所要面对的客户群还可以按照企业的性质来划分，一般可分为：大型的外贸公司或者工厂、中小型的外贸公司或者工厂、新建的外贸公司或者工厂、加工型的工厂、其他特殊类型企业（外商独资、合资企业）。

（1）大型的外贸公司或者工厂

大型的外贸公司一般会有自己的工厂，还会有一些代加工的附属工厂；大型的进出口工厂，至少在国内还是很有声誉的，外贸发展很多年，有很多国外客户。这两类客户的共同点就是出口量很大，货代业务员开发的时候切忌"一口吃下"，只要分得一小部分就可以了。这样的企业肯定有为了防范物流风险而准备处理物流问题的应急措施，手上货物需要几家货代公司共同来操作。所以能够分到其中的一部分，就认真去操作，提升自己在企业心中的地位。相反，如果一下子操作很多，就很容易出现问题，反而会给企业留下不好的印象。日积月累，互相了解了，信任度提高了，操作的货物自然会多起来。

（2）中小型的外贸公司或者工厂

这类企业订单说多不多，说少不少，他们在选择货代业务员上花的精力比较多，也是关系最重要、价格比较最多的一类客户。货代业务员在面对他们的时候，需要花一些精力和技巧来打通自己的人脉，并且在利润控制上也要小心谨慎，稍有不慎就会被同行抢走。这类客户最大的特点就是容易做，也容易丢。

面对这类客户时需要货代业务员灵活机动，用一定的销售策略去让他们信服，不能一味地让客户左右自己的正常利润，利润太低宁愿不去接这些货物，应做到不卑不亢。即使不能合作，也要守住货代工作的基本原则。

（3）新建的外贸公司或者工厂

这类公司或者工厂刚刚起步做外贸，相对来说订单比较少，但是咨询的问题会有很多，需要提供报价的也很多。货代业务员开发这类客户的时候，一定要多一点耐心、多一点细心、多一点热心。小公司都会慢慢成长，虽然过程可能会很漫长，但是如果从开始到最后你都伴在他们左右，那么这类公司的忠诚度是很高的。认定了，他们不会轻易更换货代业务员，只要维护好，是长期稳定的客户。

（4）加工型的工厂

这类工厂大部分都没有进出口权，只是帮助一些外贸公司或者大型的工厂做一些订单的制作、来料的加工，自己基本不涉及外贸。虽然可以每天看到有集装箱车过来装货，但是这部分并不是工厂所控制的。货代业务员在遇到这类客户的时候，就需要找到他们的源头，去开发源头客户，与工厂相关人员保持友好关系。

（5）其他特殊类型企业

这里主要包含一些外资企业，或者中外合资的企业。这些企业需要按照区域来划分，欧洲企业是比较好做的企业。因为秉承了欧洲人的习惯，他们注重品牌和服务，价格上不会斤斤计较；而中东等地的企业，相对来说就比较注重价格了，他们不会太在意公司的大小，只要觉得价格合适就会有合作的机会；比较难开发的是亚洲企业，日本、韩国的企业基本上都有很强的本土保护主义思想，一般物流这部分会找本国的货代业务员在中国的分公司来合作，以保护本国物流的发展，一般货代业务员很难进入；最难开发的就是台资企业了，他们不仅要服务，而且要比较价格，还要延迟付款等，操作起来需要有足够的资金做后盾。这里说的也只是普遍的现象，并不是绝对的。所以货代业务员在面对这些有外资涉及的企业时，要先了解清楚目标客户的需求，衡量好自身的操作能力，再去决定是否继续开发客户，才能在将来的合作中有的放矢。

综上所述，客户的类型多种多样，只要需要进出口运输服务，就需要货代。货代业务员需要掌握不同的策略去应对不一样的客户。以上所述都是常理推论，毕竟客户都是独立的个体——人，每个人都有每个人的独立性格，所以具体情况还是要区别对待的；自己还要对客户所了解的情况进行分析，运用技巧，让现实中的客户能够认可你这个人，这样自然就认可你的服务，你也就能在竞争中稳操胜券了。

客户需要怎样维护

千万别忽略"小人物"。这里的"小人物"是指跟踪货物的跟单员，或者制单的单证员，订舱的船务等。或许你是直接和工厂或者公司的老板或者直接业务员谈好的，你会维护好与他们的关系。不管遇到什么情况，你都会及时做出反应，但是请千万别忽略这些默默帮你做事的单证员、船务、跟单员。如果你忽略了他们，甚至对他们态度恶劣，终有一日你会为自己的行为付出代价。"小人物"也会慢慢成长为"大人物"，每个人都有自己的人际交往圈子，如果对你没什么好感，那么当他有权力的时候为什么还要选择你呢？随着时间的推移，"小人物"不会一直都是"小人物"，即使不在原公司，当他换工作后，如果他对你一直都很信任，在机会说不准就变成你真正的客户了。货代业务员需要不断地积累自己的人脉，这其中的细节很重要。

案例分析 -

切莫忽视"小人物"

货代业务员小王谈下来一家比较稳定的客户，他取得了工厂外贸部唐经理的信任，把货物全部放到他这边出口。唐经理不可能自己做单证等工作，只是询个价格，后续的事情都是由单证员小沈来做。由于小沈是新人，遇到很多事情都要麻烦小王，向他请教。小王经常要报价，所以比较忙，就会觉得小沈很多问题都不懂，有些不耐烦，有时甚至不理会小沈的询问。自认为，唐经理都搞定了，管她那个单证员干吗呢？小沈心里当然能感觉到小王的不满，所以尽量少去麻烦小王。这期间小沈认识了另外一名货代业务员小林，每次小沈有问题问小林，小林都会耐心地帮助她解决问题，并教她怎么做，小沈在心里特别感激这个热心的小林。随着时间的推移，唐经理慢慢无暇顾及询价、订舱之类的事情，加上小沈也越来越熟练，就直接把这个权力放给小沈，只要货物安全稳定，货代业务员就让小沈去选择了。两个星期没有托书，小王感觉不对了，去找唐经理，唐经理就让他直接去找小沈。这时小王才带着礼物，去找小沈，得到的回应是："我现在合作的货代业务员很好，没有问题不会换的。"这个货代业务员就是小林。

分析：这个案例充分说明，首先，货代业务员在维护客户关系上忽略了"小人物"。有时"小人物"往往会成为最后主宰客户是否长久的关键因素。货代业务员是有很多繁杂的事情要处理，但是千万别忽略了客户那边做事的"小人物"。每个人不可能一直都是"小人物"，善待别人，也是在积累自己潜在的资源。

其次，即使关系再好，也别心存侥幸，做过头。可能合作的负责人是你的同学、朋友，或者是你的亲戚，不要认为这层关系就能让你永保不失，你就可以看着自己高额的利润在那开心。没有哪家客户身边只有一家货代公司，即使只认识你一家，也只是暂时的。等到别人进入的时候，你再想挽回几乎是不可能的，并且还会失去同学、朋友、亲人的信任。做货代业务员也是做人，有好的关系，就应该把关系维护得更好，而不是为了利益把关系做成陌路人。关系好的你可以利润稍微高点，服务跟上去，和市场偏差在一个适当的范围内，那么赚得合适的利润别人也很乐意，因为你事情做得让人放心。并且，你的同学、朋友、亲戚还能帮助你宣传，因为你确实是一名合格的货代业务员。

案例分析

切莫有贪念

小明是一名货代业务员，他的同学小惠在一家工厂做关务。既然是同学又正好能帮上忙，小惠很乐意地成了小明的忠实客户。开始的时候小明报价做货还比较小心，但是时间久了，小明发现小惠根本就不去比较别家的价格，甚至很多时候都是直接托书传过来订舱，最后开票过去也不会问什么，并且很快就付款。小明动起了小脑筋，开发别的客户都是斤斤计较价格的，要费尽口舌才能赚那么一点点利润，小惠这边这么信任自己，反正钱都是工厂出的，决定以后多加点利润。开始多加几十美元，看看没什么反应，到后来直接是加几百美元。一个月下来，小明看着自己的提成，心里甭提多开心了。事情总不可能一直一帆风顺，有一天小惠被老板叫到了办公室。因为同一条船，同一个航次，同样的柜子，小惠的货代业务员比另外一个货代业务员的开票金额足足多了500美元。老板知道小惠做事认真负责，只是说让他以后多比较一下价格（小惠的心一直悬着，可能会因此丢了工作），因此，再下来走货的时候小惠都会问下小明的价格，并且找了其他的货代业务员一起询问。几次下来就发现小明的报价要比别人高出很多，就明白了一切都是小明在从中谋利。小惠直接断了和小明的合作。小明两个星期没有接到小惠的任何信息，才感觉不对。小明再去工厂找小惠的时候，小惠一直都没有露面接待他。

分析：小明在一两个月内是赚了工厂很多的钱，但是他却不知道，他的行为差点害同学失去工作，也不明白小惠为什么突然失踪了。客户丢了，业绩下滑了，同时也失去了同学小惠对他的信任。一时的贪念，损失的不仅仅是金钱。

其次，货代业务员有时需要默默为客户做些事情，即使客户可能不知道，但是很有效。记住客户的习惯，然后让操作员在客户提及之前帮客户把需要的准备好；不要和客户斤斤计较，在利润允许的范围内，额外产生的一些费用主动帮客户承担，因为合作不止一两次；有时客户在烦躁的时候会向你发火，请你一定要控制好自己的情绪，只要了解客户平时的为人，等他冷静下来会跟你道歉的（当然对那些不能体谅货代工作，一直以为自己是上帝的客户除外）；空闲的时候关注一下客户的私人事务，帮助他们解决一些工作以外的问题。总之，就是让客户感觉到你一直都很重视他，因为每个人都渴望被重视。

⚜ 案例分析 ⚜ ------------------------------------

工厂的外贸业务员马小姐是货代业务员小张的客户。马小姐是个做事严谨的人，有时提的一些要求也很苛刻，当然这种苛刻是对事情完成程度的苛刻，而不是轻视货代业务员的苛刻。很多货代业务员都觉得马小姐是个态度很不好的客户，小张却知道马小姐其实人很好，只是做事的时候比较较真。所以，他每次帮助马小姐出货，确认好的费用从不多收，即使有时会因为安排疏忽而有一些额外的费用，也从不会多向马小姐收取。马小姐有个习惯，每票货物出口后都会要出口报关单。连续两次后，小张就注意到了，每次报完关就让操作员提供报关单，扫描进电脑，马小姐需要的时候可以第一时间发给她。小张在报价上做到了在保证正常利润的情况下也从不因为关系熟了而乱加利润。货代工作中总会有一些问题，有次船开晚了，小张确认船公司的晚开通知后，给马小姐打电话，解释原因，本来以为会被骂一通的，没想到马小姐并没有骂小张，并且很理解小张的解释。因为订舱的时候就很急，现在船不能准时开航，肯定会影响国外客户收货的时间。因为马小姐知道小张一直在用心帮她做事，从不会欺骗她。其实马小姐的工厂有很多货物都是用起运港港口的货代公司，只有小张的公司是马小姐工厂留下来的唯一一家所在城市的货代公司。即使小张换了公司也一直支持着小张，一直与他保持合作。

分析：这就是小张工夫用在平时的效果，虽然不能做下来整家工厂，但是小张却是所在城市唯一一个马小姐合作的货代业务员。小张已经把客户做成了朋友，知己知彼，这正印证了细节决定成败那句话。

最后，请热爱自己的公司。货代是做服务的，不管是货代业务员、操作人员、客服人员、跑单人员，还是管理者，如果都对自己的公司怀有感情，客户是能够感觉到的，也会知道你们公司具有很强的凝聚力。一个公司的员工那么团结，有凝聚力，有什么托付会让人不放心呢？相反，如果时不时地在客户面前抱怨自己的公司让自己很不开心，客户也会很担心，公司人心涣散，我们的货物委托过去会不会出什么问题呢？这种担心只要一票货物有点问题就会加深客户的心理印象，很容易产生换货代公司的想法。问题解决了，客户却离开了，货代业务员都不知道原因。其实种种结果都是由自己的行为所造成的。加入货代公司，就请你热爱这份职业。谈论公司不好的时候，也同时说明了你自己的眼光，因为选择是相互的。

案例分析 --

货代业务员 A 开发了很久，终于和客户 B 达成了合作的意向。客户 B 开始给 A 承运一部分货物。合作久了，A 和 B 之间的关系也就慢慢熟了，A 就喜欢把一些公司的杂事讲给 B 听。A 有时会抱怨领导的不公平，操作员的不好，自己很努力，公司却不重视他。说者无心，听者有意。B 就觉得 A 公司氛围不太好，原想多拉些货物给 A 的，但总担心一个没有凝聚力的公司，业务员又怎么会用心做好自己的货物呢？期间正好发生了一件事情，B 委托 A

订的是星期三的船，可是由于星期三那班船在海上延误了两天，要到星期六才能靠港。A 就将实际情况告诉了 B，可是 B 却怀疑是 A 公司自己没有拿到这个航次的舱位，而让自己的货物延期出口了，这票货物完成以后，B 就再没有委托 A 走过货物。A 却把这个责任归咎给了船公司。

分析：很多时候不可抗力不一定是影响你与客户合作的障碍，其实关键因素还是在于你自己平时的表现。失去客户是你自己的原因，自己却不知道，这也是一种可悲。

维护客户是一门很深的学问，开发一家客户很辛苦，维护一家客户更需要时间和精力。开发客户是技巧活，而维护客户就是细节工作了。维护好客户需要各个环节人员的通力合作，这也是一个货代公司能否规模化的关键。

第十三章　风险防范

　　货物在运输途中存在着各种各样的风险，例如，货损、遗失、拒付运费、海关查验费用、目的港清关难等，这些风险中有些是可控的。还有些是不可控的。我们货代当然希望货物能顺顺利利到达目的地，但是同时也要有各种风险防范的措施，在发生意外的时候能将客户和自己的损失控制在最低。

货损

　　货损就是货物在运输途中发生的损坏、散落、包装破损、货物变质等有关货物本质或者包装的损坏。可以控制的是在货物装运的时候在货物的包装和加固上多注意，一些特殊物品一定要在箱子上标注提醒标签，把自己能控制的货物损失控制好。有条件的话在货物装完出厂前，拍照留存；对于不可控的因素，例如，在运输途中的颠簸，海上被海水打湿等非主观因素引起的货损，需要提前为货物买好保险。

遗失

　　如果货物丢失，责任方会给予一定的赔偿，但是航空公司或者船公司的赔偿都会有一个最高额度，很少能达到货物本身的价值。遇到货值很高的货物，之间的差价会很大，这个风险也是不可控的，所以最好的措施是货代业务员购买承运保险，同时提醒客户对货物也购买货物保险。

拒付运费

引起客人拒付运费的原因有很多，这里只说几个最常见的原因。第一，货代业务员为了接货乱承诺，最为明显的承诺是保证什么时候能到。即使是空运，有时都会延误，更不用说海运。船在海上漂受水流、天气影响很大，晚几天、早几天都有可能。而有一些时效性强的货物，在某个日期前到不了的话，货物就毫无价值，如果因为没有及时到达导致客户货物变成废品，那么客户自然有权拒付运费。这个风险是不可控的，不要轻易去承诺，除非你真的能控制在自己承诺的范围内。第二，信用证条款未能达到收货人要求，导致发货人收不到货款被拒付运费。这一点对于经验不足的货代业务员要特别注意，涉及信用证的一定要找懂行的人把需要货代业务员做的条款了解清楚，确认自己所订的船公司或者航空公司能够做到，然后再去接这票货物，否则尽量不要去盲目接货。第三，货值太低，目的港费用远远超过货值。这在拼箱货物出口上最为常见。到了目的港，收货人一看，拼箱公司最低收费比货物价值都贵好几倍，收货人就很有可能弃货，导致货代业务员收不到运费。这一点需要我们货代公司操作人员在报关前核对好客户的货物价值，如果货值很低，要提醒一下相关的货代业务员，尽量避免出现目的港弃货情况。第四，恶意拒付运费，特别在2013年核销单制度被取消以后，货代业务员手上唯一的收款凭证只有提单，而很多工厂都会要求月结，这样一来货代业务员手上基本就没有可以控制收款的凭证，只能凭借信用去做客户，一些信用不好的工厂就会利用这点恶意拒付运费。对这一点的防范比较困难，只能在对待不熟悉的客户时，尽量不要进行月结，等收到钱再把物权凭证——提单给客户。以上就是几种会遇到的容易导致拒付运费的原因，实际操作中可能还会有更多，这个风险基本属于可控范围，需要货代业务员自己擦亮双眼去辨别、区分。

海关查验费用

对于一般正常出口企业来讲，一年下来可能只会被查验几次，有些出口量不是很大的企业，一年可能都不会被查一次，所以企业一般都不会把查验费用算进物流成本中。这是一个概率问题，不是必然会发生的。货代业务员要防范这部分费用的产生，在对客户报价的时候一定要备注好，海关查验这些费用实报实销，避免被动承担后果。当然如果真的遇到海关查验，可能会引发后续一整个环节出现费用，例如，上不了船、产生改配、滞港等费用。严重的情况下是货物可能和海关认定的不相符，导致货物被扣，需要工厂向海关解释，等等，这些都会因为海关查验而产生，只要有时间上的延误，肯定会多出不少费用，这些费用会有收不上来的风险，通过提前告知来降低自己的所承担的风险是目前最好的方法。

目的港清关难

要防范这一领域的风险，需要熟悉世界上各个国家的一些清关流程和即时的管制措施，以及由于这些国家和我国的关系而引起的我国货物进口上的种种问题。例比，俄罗斯因为本国的一些法规，导致进口清关的时候要求很严格，清关很难；埃及进口清关都需要提供 CIQ（监装证明）；巴西进口清关的货物一定要在提单上标明税号；美国进口清关的货物都要提前发送货物的清单、船期等信息给美国海关，否则到了目的港根本不能清关等。这些问题都是影响货代行业的潜在风险，需要提前告知客户并且和目的港收货人确认好，以上都属于可以控制的风险。

人性风险

所有的不可控风险中，人性是最难控制的一种。对于货代，最大的风险就是丢客户，而丢客户究其原因来源于人。如果一个客户和每个货代公司都合作不了，那么说明是客户的问题；如果十家货代公司里面有一家能和这个客户合作得很好，那么就是这九家货代公司里面人的问题了。货代行业是一个多环节的行业，任何一个环节的任何一个人出现问题，都有可能导致客户丢失。从司机到操作人员，再到报关员，或者货代业务员、国外代理，这中间任何一个环节的任何一个人，都可能因为自己的情绪或者失误，导致这个客户的丢失。人为的原因只能协调、疏导，而不能控制。

案例分析

某公司有一长期合作的客户，是工厂直接客户，而这家公司的操作人员做同行的操作比较多，很少做直客的订单。工厂里的单证肯定会有自己的要求，需要操作人员帮忙审核报关单证，发送船公司要求的一些讯息，如要求装箱的司机准时到达等。这些在经常做工厂的操作人员看来是再正常不过的要求，可是这个公司的操作人员却认为工厂难伺候，客户不是好客户。有一次工厂要求装箱司机一早到，这个操作人员就让他认识的一个车队去安排装箱。然而这个车队也不知道从哪里找来的司机，不仅在时间上准时到，而且开到半路车子侧翻，后续也没有调配好。而客户那边却等着货装箱报关赶船，因此这个操作人员和工厂发生了争执，他觉得车子都已经出了事情，工厂不应该只关心出货，更应该体谅他，至少关心下一下装货的司机。但是工厂却说他安排不好，有可能会延误出货时间，他需要承担责任，这下操作人员就生气了，到领导那边添油加醋地说这个客户的不好。结果领导放弃了这个客户，留下了这个操作人员。继而导致联系这个客户的货代业务员辞职，因为这个客户是他的大客户，每个月的利润有好几万元。

分析：这就是因为操作人员的个人行为最终导致公司损失人才和客户的一个典型的案例。在货代行业中，对于利润可观的客户，只要不是很过分的要求，我们都必须满足。核对单证：公司都会有专门人员操作；装箱准时：价格高一点的车队都能达到这个要求；发送船公司文件：基本做直客的操作人员都会做到。案例中工厂的要求是肯定能达到的，只要操作人员能够根据客户的需求去合理安排，而不是按照自己的意向安排。

货代是一个多环节的服务性行业，环节一多，风险自然也会随之增多，对于能够防范的风险我们要提前采取预防措施，对于不能够防范的风险也应尽量给自己留出可控空间。经常换位思考，最大限度把控好人性，这样才能最大限度地减少风险发生的可能性。

货代的风险防范

货代是一个风险与机遇并存的行业，货代工作中存在着人流、物流、资金流三大部分，也就相应存在着三大风险。风险存在的主要基础就是公司生存之本——客户，公司运作资源——操作平台。怎样去面对和防范这些风险，下面分别进行讲述。

1. 人员流动风险

公司既然设有岗位，那就肯定需要有人来工作。每个岗位的人不同，人又是最难控制的一个环节，每个人的工作内容不同，性格也不同，相应的存在的风险也就最大。

在人员流动风险中，最主要的就是人员流动的风险和人心涣散的风险。

人员流动是企业必须面对的，对货代公司来说这部分却隐藏着巨大的风险，货代业务员、操作人员、管理人员的流动，多少会带走一些客户的信息，公司会损失一部分客户。首先最大的风险来源于货代业务员，毕竟货代业务员是直接面对客户的，至少自身的大部分客户都是跟着货代业务员走的，所以货代业务员的流动会是公司最大的损失；其次是管理人员的流失，他们手上不仅掌握着部分客户，还掌握着公司运作的资源，他们的流动不仅会带走部分客户，也会相应地使公司某些运作平台停止，再次流失相应的客源；最后是基层操作人员，虽然他们掌握的客户信息有限，但是毕竟和客户打交道的时间是最多的，而且一个熟练的操作人员是没有那么容易培养出来的。这些人员的流动会给公司带来大大小小的损失，是货代公司最不愿意看到的。相对的防范措施，就需要从源头去解决：换个角度，不管是货代业务员，还是管理人员或者是操作人员，没有谁会平白无故地离开现在的公司。特别是货代业务员，是通过自己的努力来养活自己的，客户都是自己的，离开这里更换公司，肯定会有客户流失，自己辛苦开发的客户都是有感情的；而管理人员和操作人员也一样，如果对公司有了归属感，并且得到了满意的回报，那么即使其他公司条件好一些也不会随意离开。防范人员流动，这就需要高层管理者好好思考公司每个人、每个职位的发展价值，多为员工着想，培养员工的忠诚度，这样企业才会越来越好。

⚜ 案例分析 ⚜ --

位于深圳的上海某拼箱公司的分公司，在当地做得有声有色，团队很有凝聚力，因为他们有一个让下属信服的领导。但是上海总部考虑到一些风险，担心这个经理有私心，到时不能自己掌控全局，所以派了一个新的领导过去，而把原来的领导下调成副总职位。如果这个新经理做事都能让下属信服，也不会有什么事情，偏偏这个新的经理能力有限，还打压排挤原来经理的下属，并且招揽一些自己的羽翼来保全他的地位。那个被降职的副经理看着很是心痛，毕竟这个团队是自己一手带出来的，并且做得很好，领导竟然如此不信任自己，派了这样一个人来取代自己的位置。恰逢，另外一家拼箱公司筹建，找到了他并说服他来此工作，而且这家公司地址就选在了他公司的对门。开业那天，这个副经理过去上班，结果出现了很奇怪的现象，他曾经的下属也全部跟过去了，连曾经被新任经理开除的人员也都一起去了。大家一起打电话对原来的客户说公司抬头更换，服务不变，继续合作的事宜。这边电话此起彼伏，而原来的公司却只剩下那个新经理和几个下属，门庭冷落。

分析：这个拼箱公司集体倒戈恰恰诠释了"用人不疑"这个至理名言。如果你信任的人做出了成绩，请不要怀疑他的忠诚，相对来说人才是具有高贵的人格品质的。当你怀疑、限制他的时候也是他离开你的时候，损失有时是不可估量的。

人心涣散是管理失败的表现。老板在的时候，一个个都装得很卖力，老板不在的时候一个个却都打着自己的"小算盘"。为公司多做一些事情，好像就很吃亏。别人不做我为什么要做，并且在服务客户的时候，把自己的情绪带进去，动不动就得罪客户，造成客户流失，严重的也会影响到操作平台的稳定。遇到这样的情况高层领导就需要大刀阔斧进行必要的改革，留住有凝聚力的员工，淘汰那些对工作懈怠的员工，培养企业的凝聚力；对于能够多为企业做事的员工要及时嘉奖、表扬，让其他员工知道，只要自己用心做事、多做事，其实领导是看在眼里的。把公司真正整合成一个有凝聚力的团队，才能在竞争中立于不败之地。

在公司的实际运营中，有一些事是很难控制的，毕竟中国是一个讲究人情的国家，所以大部分货代业务员中存在着夫妻档、亲戚缘、朋友关系等一系列的潜在威胁。夫妻档：很多小的货代公司都是老板管业务，老板娘管财务，基本上这样的规模就只能一直局限在小公司了，很难有再大的发展。两个人去控制整个公司的运营，外人的进入很难改变两个人的思路，所以这样的公司想留住人也很难，有两个操作人员也仅是为老板做做订单，属于自给自足型。亲戚缘：这类公司稍微有些规模，但是重要的位置用的都是自己的亲戚，不管有没有这个能力，关键是自己人，放心。就是因为有这样的想法，用人时出现岗位和能力不对应，导致下面的员工敢怒不敢言，所以公司人员很难团结一心。朋友关系：不管多大的企业，都暂时还脱不了"关系"这个层面，朋友介绍的，只要差不多肯定会给朋友面子，但是用这样的人，很多时候就会形成小团体，给公司的凝聚力造成很大的冲击，但是真的要屏蔽这些，是很难做到的，这就是现实运营中的实际状况。

2. 物流风险

物流的风险主要是指承运过程中货物流通时会产生的风险，主要包括不可抗力风险，货物短缺、遗失风险，运输延迟风险这几个方面。

不可抗力风险：主要是由于自然的原因，或者说非人力故意造成的一些原因导致货物延迟、丢失、损耗等的损失。不可抗力风险包括狂风暴雨，影响轮船的航期、飞机的飞行；海上风浪浸湿集装箱导致货物受潮；轮船、飞机的故障，等等。这些都会对货物的运输造成风险，最终引发客户的不理解，从而导致客户少付或者拒付货款等现象，严重的直接丢失客户，也收不回货款。

案例分析 --

小王接受客户陈先生委托空运一票货物到伊朗的德黑兰机场，本来去德黑兰的飞机就不多，并且货物出口都要求查验。货物从起运港上海安全离开，飞到迪拜要中转时，恰逢冬季德黑兰下大雪，飞往德黑兰的飞机都停航等待雪停，因此货物在迪拜被延迟起飞。而客户这边看货物一个星期了都没有到德黑兰，就开始天天催小王，小王说明了理由，并且伊朗客户也证实了情况属实。但是，客户就是无法理解，空运货物为什么比海运还慢，半个月以后才被运送至德黑兰。客户把错误全归在小王身上，只肯付一半的运费，并且终止了合作。

分析：货代业务员遇到不可抗力的时候很无奈，但是更烦恼的是客户不理解自己。客户只看结果，不看过程的行为很让大家寒心，但是这就是现实。就像轮船航行遇到大风大浪丢失了几个集装箱，而你的箱子正好是其中的一个。客户最后肯定会说别人的怎么没事，偏偏就我的有事。所以请一定记住，虽然尽力了，但结果不是我们所能控制的。

货物短缺、遗失的风险：这个风险主要发生在拼箱、空运货物上，由于运输途中种种原因导致到达目的地以后货物数量与原来不符，甚至直接消失。空运中特别是对于一些几十千克的小货，在中转的时候容易出现丢失，或者是大量的货物有很多件的时候，在空运、海运装运过程中最容易出现短缺的现象，最为严重的是货值很高的货物，在运输途中被人为遗失。但是运输环节过多，很难追查，最终结果不仅要赔偿客户，关键的是会丢失客户。

❧ 案例分析 ❧ --

货代业务员 A 有一家做精密半导体材料的客户，材料使用的都是金线，每次运货都比较小心，外包装会包得很严密。有一次 A 派车队去提一票空运货物，结果派去的司机无意间看到工厂里拿出来的一箱货物都是金线，于是心生贪念，直接拉着货物跑了。A 这边等来等去不见货物进仓，感觉不对的时候已经晚了。一箱货物的价值可是几百万美元，直接把 A 这家公司搞垮了。

分析：这估计是最为严重的一次货物遗失了，货值很高，对货代公司的直接影响太严重了。所以要警惕装运过程中的风险，找正规的运输公司，降低自己的风险。

运输延迟风险：运输过程中的每一段，都有可能出现延迟，不管由于什么原因都会导致一些风险的产生。集装箱内陆托运时，由于前一个柜子装货缓慢导致后一个柜子到工厂时工人已经下班，没有人装柜；海上运输展品时，由于航行时间慢了两天错过了展会；空运货物时，由于飞机货多，落下来一些货物；国外段由于代理错估时间，预报发送比预期早了一周等，这些延迟直接会导致客户对货代业务员的不信任，从而更换新的货代业务员。

案例分析

货代公司接受客户委托运输一批货物到国外客户工厂，该货物按 DDP 条款，完税后交货。前期货物运输一切正常，等到了国外卸货港后，国外代理预计能够赶上最近的一班火车（内陆通过火车转运），所以将到货时间发预报给国外的收货人，结果由于货物清关没能赶上那班火车（一般转运火车一周一个班次），因此延迟了一个星期。国外收货人直接投诉到国内发货方，发货方向货代公司追究责任。其实国内的货代业务员预估的时间和最后送货的时间是一致的，只是国外代理预估错误，提前发了预报，导致最终失去了这个客户。

分析：应对延迟风险，最好的办法就是在最初预估时间的时候将延迟的时间预估进去，也就是所说的保守估计，千万不要在时间上加上"一定""保证"等字眼。货物提前到了客户反而会觉得你时效强，但是延后了就是不稳定的表现了。

对待物流风险中的不可抗力和货物短缺、遗失这类风险，最好在货物出运前建议发货人购买相应的保险，并且货代公司自己也需要向保险公司投保相关的保险，在双重保障的情况下，尽可能将发货人和自身的风险降到最低。货物运输保险单样本见图 13-1。

中国平安 PINGAN

中国平安财产保险股份有限公司
PING AN PROPERTY & CASUALTY INSURANCE COMPANY OF CHINA, LTD

ORIGINAL

货 物 运 输 保 险 单
CARGO TRANSPORTATION INSURANCE POLICY

Claim documents please mail
Marine Claim Section, Nationa
Integrated
Operation Center, Ping An Ins
(Group) Company of China, Ltd
P. O. BOX 302-003,
Shanghai 201203, P. R. China
Tel:+86-755-95511
Fax:+86-21-5027 4783
E-mail:marine-claim@Pingan. c

◆以下信息来源于您的投保申请，是为您提供理赔及售后服务的重要依据，请务必仔细核对。如有错误或遗漏请立刻拨打95511申请修改。
Please confirm the accuracy of following information to ensure that we can provide effective claim and other service accordingly. Should you have any query, please contact us by +86-755-95511.

被保险人: / Insured:　SUZHOU LAISHENG IMP. AND EXP. CO., LTD.

通讯地址及邮编: / Address:

中国平安财产保险股份有限公司根据被保险人的要求及其所支付约定的保险费，按照本保险单所载明条款，承保下述货物运输保险，特立本保单。

This Policy of Insurance witnesses that PING AN INSURANCE COMPANY OF CHINA, LTD., at the request of the Insured and in consideration of the agreed premium paid by the Ins
undertakes to insure the undermentioned goods in transportation subject to the conditions of Policy as per the clauses printed overleaf and other special clauses attache

保单号 / Policy No.	赔款偿付地点 / Claim Payable at　MUMBAI IN USD
发票或提单号 / Invoice No.or B/L No.　LS11F019	查勘代理人 / Survey by:
运输工具 / Per Conveyance S.S.　BY AIR	Wilson Surveyors And Adjusters Pvt. Ltd. (LLOYD
起运日期 / Slg.on or abt　AS PER AWB　自 From　SHANGHAI AIRPORT CHINA	ADDR:C-204, Remi Biz Court, Veera Desai Road, And West, Mumbai 400053 India mumbai@wilsur.com TEL:+91 22 66963606
至 To　MUMBAI	FAX:+91 22 66963669

保险金额 / Amount Insured　USD1871.63 (U.S. DOLLARS ONE THOUSAND EIGHT HUNDRED AND SEVENTY ONE AND CENTS SIXTY TI ONLY)

保险货物项目、标记、数量及包装: / Description, Marks, Quantity & Packing of Goods:

INKJET CANVAS
5CARTONS
INKJET CANVAS

承保条件: / Conditions:

COVERING AIR TRANSPORTATION ALL RISKS AS PER
TRANSPORTATION CARGO INSURANCE CLAUSES (1/1/19
THE PEOPLE'S INSURANCE COMPANY OF CHINA.

签单日期 / Date:　Sep 16 , 2011

For and on behalf of
PING AN PROPERTY & CASUALTY INSURANCE
COMPANY OF CHINA, LTD.

Authorized Signature

图 13-1　海运出口货物委托书样式

3. 资金流风险

资金流是物流实现最终利润点所必备的环节，所有的服务都要通过最后的资金流来体现差额利润。资金流的风险是最大的，前面做得再妥当，如果收不回应该收取的费用，那么也会变成最大的失败。资金流的风险主要包含以下三种：应收账款的风险、代垫费用的风险、汇兑损失的风险。

应收账款的风险：应收账款是货代公司利润的主要依托点，扣除付给承运方的运输费用及其码头的杂费，剩下的就是货代公司的利润。如果应收账款收不回来，损失的不仅仅是利润，还要承担承运方的运输成本，这部分会远远高出利润。所以说应收账款的风险也是所有风险中最大的，有"赔了夫人又折兵"的意思。一个企业对坏账的承受能力是有限的，这要根据企业的规模来确定，小的企业可能因为几票应收账款就会陷入倒闭的境地；大的企业客户多，总体利润能够支撑一些坏账，所以一般大的企业都会有坏账准备。由于市场因素的原因，客户多了，自然也就会存在一些坏账。坏账也是对诚信的考验，现在越来越多的货代公司都已经在通过实行付款以后给提单的措施来减少坏账。因为提单是物权的保障，只有控制了提单才能真正地控制物权。一直流行的扣核销单进行月结的手段的约束力已经越来越小了，加之核销单根据法规来说货代业务员是无权扣押的，所以对于货代业务员来说能够给自己保障的就剩下提单了，行业的风险也就越来越大，诚信也就越发的可贵。

🎵 案例分析 🎵 -

货代业务员小于有一家做服装、出空运货物的客户，前面合作都很好，付款也及时，因此双方都比较信任对方。有一次一个月连续出了两票大货，涉及金额近十万元。由于前面每次付款都差不多是出货一个多月后，所以小于也没有太在意，还是做着其他的货物，一时也忘记了未付款。直到快两个月的时候，财务感觉不大对，来催小于收款，小于还很有信心地说："没事的，客户会付钱的。"因为走货的时候都很稳、很安全，况且还有核销单在手上，有问题一定会退税的。小于中间打了几个电话给那边的单证员，单证员说会催老板。直到快3个月的时候小于感觉不对，去了工厂，却没有见到老板，核销单都快过期了，所以小于要求工厂写了保函。这是对将来收款的最后保障了，可是直到核销单过期了，工厂都没有付款。后来小于才知道，工厂已经转移到外省，核销单也根本就不想要了，写保函只是拖延时间。最终的结果是小于失去了工作，并且背负了沉重的心理负担。

分析：风险永远是潜藏的，谁都不可能知道客户的想法。核销单即使能够退税，但是如果客户衡量其中的费用高低后，最后选择放弃退税，直接损失的就是货代公司。防范这类风险的时候要依靠货代业务员去衡量，与不熟悉的工厂合作的时候一定要分析清楚形势再决定合作的方式，将自己的风险降到最低，真心合作的客户会体谅货代业务员的苦衷。这就是"先小人后君子"的做法。

其实提单也就只是针对海运货物而言，相对空运货物提单的约束力很小，空运只要知道提单号码就可以提货了，所以空运所承担的风险比海运更高。

代垫费用的风险：货代公司在整个货物的运输过程中，多多少少会产生一些代垫的费用。例如，出口的报关费、港口的港杂费、进仓时有时会帮助客户代垫进仓费，进口的代垫费用更多（换单费、报关费、报检费、堆存费、过磅费），甚至有时还会帮助客户代垫进口的税金。费用是代垫的，而且很多代垫的费用没有正规的货运发票，如果遇到一些不明理的，肯定就会存在风险，需要客户愿意承认这个费用是实际发生的，否则货代业务员只有"哑巴吃黄连，有苦说不出"了。

案例分析 --------------------------------

　　货代业务员 A 受客户委托出运一票拼箱货物，客户要求 A 帮忙提货。A 让司机去提货后送到港口指定仓库。由于小东西需要用类似一些小托盘的包装，结果仓库计费按照托盘货物进行收费，送货司机不会考虑这个，因为不给进仓费货物是进不了仓库的，于是司机直接垫付了很大一笔费用，把货物送进仓库。等到货物安全出运后，货代业务员和客户确认费用时，客户认为代垫费用太高了，拒绝支付。但是司机已经付了，货代业务员是知道的，所以最终商量的结果是客户只愿意付一半的代垫进仓费。货代公司整体利润由于承担了这笔代垫费用最后是亏损的，还让客户有被欺骗的感觉。

　　分析：代垫这部分，很多都是信任问题。如果有了怀疑就很难确认了，即使有定额发票，或者发票复印件，站在客户的角度看这些都不足以是真实的证据，他们有权拒绝。防止这类风险，需要货代业务员尽量提前确认好，或者让客户自己与相关收取单位进行确认，避免以后发生纠纷。

　　汇兑损失的风险：汇兑损失在货代工作里面主要是针对海洋运输的，因为航空运输结算的是人民币，所以不会有这方面的损失。海洋运输是以国际通用货币美元来结算，或者做到门条款的时候会根据各个国家的币值不一样以外币结算，由于结款时间的不同、汇率的变化，中间就会产生汇兑损失。船公司为了避免这个损失，所以在海洋运输过程中用货币贬值附加费（俗称 CAF：Currency Adjustment Factor）来规避这个风险。货代属于服务行业，并没有一种固定的调节手段来规避这类风险，就会因为付款和收款的时间差产生损失，并且美元账户上面的流动资金也会由于时间产生这方面的损失。例如，人民币增值很快的 2008 年，有些货代公司在汇兑损失上一年就是几十万元。货代公司对于汇兑风险的防范只能是让外汇尽快流动、即时兑换，尽可能人为地控制减少这方面的损失。汇率的变动不是完全损失的，有时也是增值的，所以这部分是利弊共存。

4. 其他风险

除了以上三类主要的风险外，货代工作的各个环节中还潜藏着很多风险，这里略带提及以下常见的两种风险：货物申报与实际不符的风险、买单出口的风险。

货物申报与实际不符的风险：主要是针对有些需要办理比较烦琐的或者明令禁止运输的物品，客户为了节省申办流程，或者蒙混过关用其余的品名来申报出口（进口）对货代公司所产生的风险。这类物品一旦被查验出来，将会引发严重的后果，货代公司是摆脱不了责任的。防范这类风险需要从源头和环节上把控好，首先需要了解清楚客户的出口产品，在运输或者装箱过程中，发现有异常的情况需要及时检查，避免给自身带来更大的损失。

买单出口的风险：买单出口在一些没有进出口资质和一些个人SOHO（家庭外贸）中存在很多，主要做法就是向一些进出口公司买他们的核销单和抬头来出口自己的货物，不要核销退税的一种做法。对这类客户货代公司的掌控权只有提单，其实核销单是不起作用的，稍有不慎货款就很难收回了。防止这类风险最好的做法就是要求出口方付款以后再将提单交给他。

货代行业的风险无处不在，而我们需要的是了解自己的客户，考核好客户的诚信度，有的放矢地操作每一个客户，尽量降低风险的概率，这样才能在市场经济中找到自己的生存之道。

第四部分
DI-SI BUFEN

危机中货代的生存法则

WEIJI ZHONG HUODAI DE SHENGCUN FAZE

《 这几年经济大环境不尽如人意，外贸形势相对比较严峻，导致货代业务员一直是在危机中生存。我们货代业务员可以利用这个危机让自己"休养生息"，把货代业务员的核心体现出来，同时淘汰一些"老弱病残"人员，以崭新的面貌来面对未来。

第十四章　货代的高品质服务

服务是货代的核心竞争力，也是企业的生存之本。只有不断提升企业的服务品质，才能在未来更加透明的市场竞争中站稳脚跟，稳步前行。

物流服务——企业生存的基础

货代的工作基础就是物流服务，用优质的物流服务将客户的产品安全、及时地送达目的地。物流服务主要是提供优质的国内运输，安排及时的报关，预定合适的航空公司或者船公司，如果客户需要的话提供稳妥的国外清关和运输服务。这一整套物流服务和清关服务是货代服务的基础，也是生存之本。

1. 提供优质的国内运输

不管客户是散货还是集装箱货物，只要需要我们提供运输到港口的服务，就一定要了解清楚客户对提货的需求，然后安排好车队及时到工厂去提货。如果客户说全天都可以，货代业务员就需要提前了解清楚客户的中午吃饭时间、晚上下班时间和装货大致时间等信息。这样安排车队上午到达的时间一定要在吃饭前能完成装货的时间，下午到达的时间要在下班前能完成装货的时间并告知车队。这个安排还有个"+1原则"，就是真正安排车队的是中午吃饭加装货时间"+1"小时，下午是下班时间加上装货时间"+1"小时。这个"+1"是至少的时间，意思就是要至少留这1小时的意外时间，这样才能把国内运输途中一些意外（堵车、不认识路、车子抛锚等）情况对装运货物的影响降到最低，尽量把等待这个时间留给车队，而不是工厂。

2. 安排及时的报关

2013年6月1日起，海关实行无纸化报关并取消核销单，这样节约了企业成本，同时提高了报关的效率和准确性。发货人根据海关要求及时给货代提供数据，货代审核后交给报关行，等到货物进港后，第一时间进行申报。除非货物装船时间来不及，否则报关至少要安排在船开前两天进行，给海关查验留出时间。虽然概率不大，但是这个预防工作需要货代去做好，万一查验，如果中间没有时间缓冲，基本上是上不了船的，只能延后一个星期，这样就会增加企业的物流成本。

3. 预订合适的船公司或者航空公司

这也是货代服务的利润点所在，国际段的物流服务更能体现货代的价值。预定其实是在提供国内物流和报关之前要做的工作，只是按照货物的流动顺序才放在第三个环节，也是很多货物的最后一个承运环节。要把选择航空公司或者船公司这个服务做好，必须熟悉各个船公司、航空公司的航线，根据客户的需求选择。如果客户需要的仅仅是低运输成本，不在乎运输的时间，那么我们可以帮助客户选择运输成本最低的承运方，同等运输成本的情况下再去看运输的时效；如果客户要求运输成本相对比较低，时间也要控制好，那么我们就要选择中档一点的承运方，性价比这一部分相对比较重要；如果客户明确要求服务好、时间快，那么我们就要帮客户选择高档一点的承运方。这里切记不要为了自己一时的利润而违背客户的意愿，只选择对自己利润最大化的承运方，这样的结果很可能是失去客户永远的信任。当然选择承运方的服务，我们还可以根据货物的价值和货物的利润率来权衡，这就相对比较专业了，需要时间去积累经验。

4. 稳妥的国外清关和运输服务

这一段服务是属于附加运输，目前市场一半以上的货物都不需要货代进行这段的运输服务。要能做这段的服务首先就要求货代在目的国有一个相互配合的货代，清关运输需要目的国的货代来协调完成。在国际间的合作中，信任是非常重要的，选择合适的合作伙伴也是需要通过不断尝试来达到彼此的信任。只有彼此信任，才能把货物的物权交由合作的目的国货代进行下一步的操作，在目的国清关完稳妥地把货物送到收货人的仓库。货代行业已经过十几年的发展，能够操作目的国清关运输的货代公司已经有很多，需要这一块物流服务的客户也在不断增加。

桥梁服务——企业理念的深化

货代是架在客户与车队、海关、船公司（航空公司）、国外货代和国外收货人之间一座沟通的桥梁，在货代八面玲珑的沟通中成就了每次国际物流的圆满完成。

1. 客户与车队之间的桥梁

车队司机的文化水平普遍较低，所以大部分司机不适合和客户直接进行沟通，这时就需要货代业务员来进行沟通，协调解决他们之间产生的矛盾。例如，车辆晚点，司机肯定是找很多理由来解释这是没有办法的，不是他们故意晚点，而工厂则想的是因为司机晚点，可能导致要加班装货，产生加班费或者耽误别的货物调配。这个时候货代业务员就可以把这个责任揽下来，让工厂先去装货，司机配合一下，有什么多余的费用可以让工厂来找货代业务员。有了这样一个中间人，一般工厂也不会让货代业务员来承担，只是当时在气头上的气话，但如果没有这个中间人，可能的结果就是工厂不装货或者司机一气之下把车开走，那样产生的费用会更多。又如，工厂误点，有时候责任在工厂，可能前面一批货还没装好导致司机等了好几个小时，或者司机可能下面还要去另外的工厂拉货，这个工厂却磨磨蹭蹭一直不快点装货，工厂觉得司机应该等，而司机觉得工厂耽误他的时间，导致可能他会被第二家工厂埋怨或者送完货很晚才能下班。这个时候货代业务员可以做的就是协调工厂和司机双方，如在饭点的时候让司机去工厂食堂吃午饭，或者采用其他行为安抚司机一下，然后让车队跟另外的工厂事先打个招呼，这边出了问题，让那边稍微耐心等待一会儿。这样一来司机那边不急了，工厂也可以专心去装货了，时间就会节省不少。

2. 客户与海关之间的桥梁

海关工作人员每天需要审核成百上千的单证，就要求单证清晰，并且一一对应，而客户很多时候都会按照自己的格式去做单证，有时候会显得杂乱无章。货代业务员在审核的时候就要事先帮助客户把单证整理出来，并且告诉客户怎么做能给他报关带来最大的便利，杂乱无章的单证很容易给海关工作人员产生不好的第一印象，容易出现问题，从而延缓货物通关速度；而清晰明了的单证，海关工作人员自然觉得企业很规范，会尽快审核放行。海关是国家行政机关，企业是以营利为目的，所以很多时候企业对产品申报的商品编码和价值，会有自己的考虑，海关也会有海关的考虑。如果事先货代业务员不给予协调沟通，很可能会导致货物被扣，徒增很多不必要的费用。对于一些敏感的货物，货代业务员首先要告诉客户海关的立足点，然后帮助客户分析一下利害得失，最后让客户尽量按照海关最容易认定的去归类申报，避免产生损失。

3. 客户与承运方的桥梁

要客户自己去了解熟悉承运的船公司、航空公司的优劣，那是很难的，同样要航空公司、船公司向客户推荐自己的航线，他们也没有那么多精力，所以客户与承运方之间需要一座桥梁来帮助他们沟通联系，这样货代就诞生了。货代会根据客户的要求，来选择承运方和他们的服务。了解承运方的优势和知晓客户的需求是货代的工作，也是货代的核心服务。一方面，根据客户的货物多少、类型、价格和时间的要求来选择承运的方式是空运还是海运或者是铁路运输，是拼箱还是整箱或者是散杂货运输；另一方面，根据航空公司、船公司的特点来向客户推荐走空运还是海运，走这个船公司还是那个船公司，等等。这些都要分析告诉客户，为他们选择最适合出运货物的运输方式，从而节约成本，这就是我们货代核心桥梁的最大价值。

4. 客户与国外货代之间的桥梁

国外货代在帮助客户清关、送货的过程中总会遇到一些问题，需要国内货代来和客户沟通协调。最好的也是最常见的一个例子就是，国外代理联系收货人，但是由于种种原因，正好收货人不在，那么国外货代就会反馈给国内货代，说联系不上收货人不好清关，他们是不会尝试多次分时段联系的，这个时候就需要国内货代去协调解决了。让发货人联系收货人，并且让收货人发邮件给国外货代并抄送给我们，这样有了有利的证据，国外货代也不会有意见，就按照流程去做他们应该做的事情。这样的问题一般都是出现在首次合作的客户上，一直在操作的客户基本不会有这样的问题。经常走货的客户顶多就是一些延时、查验、单证上的问题需要货代业务员去沟通解决。用到国外货代的时候，国内货代的桥梁作用是必不可少的，没有这个桥梁很多货就会因为国外代理处理事情的固执而延误甚至让客户丢失客户。

5. 客户与国外收货人之间的桥梁

国外收货人和客户之间的桥梁属于辅助性作用，货代能做好这个桥梁也能为客户和国外收货人之间的长久合作奠定一个坚实的物流基础。从物流角度来看，国外收货人害怕客户找的货代在目的港多收他们费用，而客户又害怕国外收货人找的货代在国内多收费用，这个时候如果我们货代能帮助客户和国外收货人谈好目的港的费用或者 FOB 条款下的海运费、保险费，就能达到国外收货人的要求，同时又能帮客户控制国内费用而且还能最大可能的控制物权，双方都能得到自己想要的结果，试想这个桥梁作用是不是很重要呢？

货代的产品是服务，各个环节货代都是沟通彼此的桥梁，做好这个桥梁，才能更加深刻地理解货代的核心竞争力。

增值服务——企业未来的希望

既然货代的基础就是服务，那么我们当然可以为客户提供一些物流以外的增值服务。已经有很多货代开始在做这方面的工作了，例如，提供物流方案，提供货物的仓储，给企业派驻或者培训一些专业人才去解决企业物流单证上的一些问题，等等。

1. 为客户提供物流方案

客户对于成交的价格、贸易条款、收款条款是比较了解的，但是对于物流的方案不会那么在意，这就需要货代业务员为他们制订和选择一个物流方案。举个例子，客户有 15 立方米的货物运到欧洲，和国外收货人默认的是海运，客户可能自己会认为反正装不满一个小箱，那么就走拼箱好了，但专业一点的货代业务员都知道，这 15 立方米的货物走拼箱的目的港费用远远高于走整箱的，所以要向客户解释清楚。走整箱看似出钱会比拼箱的多一些，但是货物到达目的港后，收货人付相对较少的费用就可以提货了；而走拼箱的话，客户可能付的费用少很多，但是到了目的港后，收货人就会付相当高的费用，这样会导致目的港收货人的不满，影响以后的合作。为了长远合作，客户还是需要舍弃一时的小利换取将来更大的利益。一般这样跟客户解释清楚，客户就知道怎么选择了。这个例子只是一个最简单的运输小方案，现在很多企业要求货代做的是整个物流链的整体方案，甚至包括仓储。从货物出厂到国外收货人手里，用怎样的物流运输，怎么样的申报清关才能为企业节约最大的物流成本，等等。这些都是货代未来的增值服务空间。

2. 仓储服务

很多工厂库存量很大，自己的工厂仓库远远不能满足库存的要求，这就要求当地的货代提供一些仓储服务。在出货之前把货物放在货代的仓库，出货的时候由货代在自己仓库进行调配货物运输，这样还能省去工厂的人力成本，提高工厂自身的效率。仓储现在面对一些内陆城市的大型工厂，很多货代已经开始在运作这一项服务，这一项增值服务也能给货代的利润来源增加一个渠道。

3. 培训，派驻专业人员

现在已经有很多培训机构在做货代资格认证的培训，但是以我们切身体会来看，这些培训都是为了赚取培训费，不专业。货代要做的培训是对企业需要的人才或者我们自己将要派驻企业的人员，先传授一些专业知识和工作技能，然后再放到一线实际操作中去历练，经过半年到一年实际工作的磨炼，最后再回到企业或者派驻企业，这样的专业人员将在企业中发挥更为重要的作用。

当货代能为企业做到全方位的服务时，其货代自身真正的价值也彰显出来，利润来源也会真正回归服务的本色，而不是在运输中赚取差额的微薄利润。同样，企业将节约下来的物流费用划出一部分作为货代的服务费用，省去了人员和以前紊乱的物流环节费用，这样的结果就是双赢。

第十五章　货代的职业规划

危机中生存

　　2008 年末到 2013 年亚洲金融危机，2019 年年底开始的新冠肺炎疫情全球肆虐，均导致全球经济下行，货代行业是受全球经济危机冲击的最前沿。出口量的急剧下降，新冠肺炎疫情防控的各种措施导致的货物周期无限延长，海运费用的急剧增加，让很多工厂不堪重负，以及我国正在往科技强国转型和海外不确定因素导致的货款回收问题，给货代行业带来了更加严峻的考验。

　　在多方面的因素综合下，很多小型的货代公司难以为生，毕竟现在一两个柜子的运费就能压垮一家小公司，这样也给很多大型货代公司一些机遇和整合的机会。只要还处于全球经济一体化之下，那么就有国际之间的贸易往来，就少不了运输这个环节，不管是海陆空铁，都是需要货代来协调操作的，所以面对危机，我们还是应该坚信我们有生存能力和生存空间。虽然当下运输形式多种多样，贸易方式也是层出不穷，我们货代只要寻找适合自己的路，就能在这样的危机中分得自己的那份红利。

危机中，我们该如何生存呢？首先，我们要理性分析形势。用一个数学的理论来说明这些。金融危机导致出口量下降了30%，剩下了70%（当然数据是假设的），而货代公司倒闭了20%，剩下了80%，加上现存的出口企业压缩成本，应该支出的金额只有原先的60%，也就是说80%的货代公司做原先70%的市场和分原先60%的利润，缩减是必然的，但是从数据中可以看出现实并不像想象中的那么严峻。只要积极应对，还是能在市场中占有一席之地。在有100%的货代公司、100%的市场的时候，货代公司每年也在增加，这个100%的货代公司的基数不断地增加，同样是需要这样的竞争。

其次，认清自己的产品。货代是服务行业，不能一味地为了迎合客户的需求，降低自己的利润空间，利润降下去容易，再升上来就很难了。为了行业的生存，请不要断了自己的后路，只有大家齐心协力才能一起渡过难关。市场混乱，导致很多出货量大的企业把自己放在很高的位置，提出了种种苛刻的要求，真的一定要做这样的企业吗？请扪心自问，这样的企业即使做下来，难道不累吗？我们做的是服务，不是在菜市场吆喝卖菜，人家便宜我更便宜，在这样的恶性竞争下，得益的是出口方，受害的是货代，而且这样的危害将影响深远。举个最实际的例子，我曾经去拜访过一家工厂，一个月大概有20个箱量的集装箱，这家工厂的第一个要求就是付款时间至少在三个月后，慢的时候甚至需要半年到一年，而且要货代公司保证一个月给他们退核销单。他们傲慢地说，反正现在有人在操作他们的货物。甚至直接跟我们说，现在是买方市场，你们做不做无所谓。我们没有接这家客户的货物，只是为帮他服务的两家企业担心，做这样的客户还有利润可言吗？

最后，就是整合自己的团队。企业自身的节流也是很重要的，这里面就包括最重要的做法——精简人员。那些不适合企业的人员需要趁早淘汰，否则会给企业造成更大的影响。"困难之中见真情"这句话很有道理，只有在困难的时候，还能一心为企业的发展而努力工作的员工，才是企业真正需要的员工。那些自恃自己是老员工，整天抱怨，影响团队氛围的人，此刻就该大刀阔斧地裁掉。包袱抛掉了，轻装上阵，才能在金融危机下游刃有余，不至于最后被拖垮。

在目前的全球环境下，我们不应该片面地看待问题，只看到运输成本无限增加、客户不断减少并且精打细算的严峻的现实问题，更应该着眼于长远。如果能够在严峻的环境中生存下来，等到新冠肺炎疫情过去时，必将迎来国际贸易井喷式的发展，那时候才是我们货代人真正的红利年代。尽管可能会有更多的竞争者加入，不过经历了风雨的我们，是不是可以享受更多的红利呢？

展望未来

物流行业在中国成长的过程很短，10 年前是客户满世界找货代公司帮忙把货运出去，10 年后的今天是货代公司满世界找货物来承运。10 年的时间，发生了这样巨大的变化，从原来的卖方市场变成了现在完全的买方市场。究其原因，利润为主导。10 年前货代行业的利润非常高，导致大家争相进入这个行业，基本没有门槛可言。只要会拉货，有点能力的都可以自己开一家货代公司，根本谈不到物流的核心理念，只要能帮客户把货运出去，就是好货代公司。而如今，在货代公司很多的情况下，好的货代公司的作用才得以凸显，不是只要把货物运出去就可以了，还需要合理、最佳的物流方案。利润也基本被透明化了，所以一贯的老思路，已经不能应付当今货代行业整体变化的趋势了。

随着越来越多大学生的加入，货代这个行业被越来越多的高素质的专业人才充实着，其核心产品——服务，也越来越受到重视。货代行业整体的文化素质不断得到提高，也为将来物流的发展奠定了基础。未来的货代队伍会是一批诚信、专业、高素质的队伍，会为不一样的客户量身订制不一样的物流方案，而不再是简单的价格买卖。国内的货代行业也会慢慢向国际化发展，不做国内货物的进出口操作，也可以做国外客户的指定货代；不仅可以把国内的货物运出去，同样也可以把国外的货物运进来，客户群体也会扩展到全球范围，不仅有国外同行，而且有国外的工厂、客商，等等。

货物的操作也越来越简便，朝着网络化、无纸化方向发展。从最初的业务洽谈到最终合作协议的达成，可以不用见面通过网络完成整个谈判过程。货物的运输过程，也都能实现实时监控，出现问题能够及时得到解决，确保货物在运输途中的安全。货物的进出口申报工作也越来越简便，海关审核单证的效率随着网络的发展越来越高。货代公司与海关之间顺畅的配合，更方便发货人将货物及时、安全、稳定地出运至目的地。

国家也在大力推动国际间的贸易，不断完善各种政策法规鼓励越来越多的工厂和个人从事国际贸易工作，积极促成国际间的各项合作，不断采取优惠措施吸引外商投资，鼓励本国的企业走出国门去投资开发一些国际性的项目。有了这样的政策和合作，中间必然存在着巨大的物流空间，货代的市场前景还是很广阔的。随着国际贸易的深入发展，货代在其中的作用也将越发重要。

经过多年的积累，货代队伍日益强大，从业人员的素质不断提高，现代物流理念日益深入人心，我们有理由相信，货代的明天更美好！

如何做一个合格的货代人

怎样才能成为一个合格的货代人呢？我认为应该从以下四个方面来提升自己：首先是要有专业的货代知识；其次是以诚信为本，用服务体现自己的价值；再次是不找借口，敢于担当；最后需要有一定的延伸服务，为客户提供最优质的物流服务。

1. 具备专业的知识

对世界港口不论空港、海港都要有一定的了解；对于航线了然于胸；对价格的变动敏感，并及时反馈给客户；要熟知海运、空运计费方式；不仅要熟悉报关资料和流程，还需要有一定的操作能力等，基本要做到成为客户的百科全书。当然这也不是几个月就能掌握的，需要多年积累，不断深化自己的专业知识，最后才能达到这个水准。

2. 诚信为本，用服务体现价值

"诚信"是货代的基本原则，只有诚信，才会得到客户的肯定，最终形成长久的合作关系。货代做的是服务，不要让客户因为运费上不大的差额而放弃选择你，要用服务得到客户的认可，并不是靠低价得到客户，这样也证明了货代的核心产品就是服务。既然我们的核心是服务，那么诚信就特别重要，承诺客户的一定要做到，做不到的就不要为了赢得委托而轻易承诺客户。每次在自己可控范围内的服务，会增加客户对你的信任度，从而给自己的货代生涯奠定厚实的基础。或许将来有一天，货代能够做到将海运、空运价格都可以直接告知客户，价格上再也没有相互之间的差距，而我们货代收取的就是每个环节的服务费用，从而真正实现通过服务来体现一个货代人的价值的最终目标。

3. 不找借口，敢于担当

货代的整个物流环节相对比较多，从国内到国外至少要经过国内运输、海关审核、国际运输这三个大环节的考验，环节一多难免会出现问题。出现问题的时候，客户最反感的就是货代找种种理由推脱自身的责任，而不是积极想办法先把问题解决了，然后再来讨论责任划分问题。再大的问题，只要你积极去解决了，最后产生的种种费用，在能够承受的范围内，客户一般都会帮助一起承担。业务不是一次就结束的，即使有一票亏了，后面客户也是会慢慢补给你的。千万不要着眼于一时的得失，不去解决问题，以致出现更为严重的问题，最终导致大家都损失严重。如果你敢于担当，积极主动先去解决出现的问题，那么你离合格的货代人已经不远了。

4. 延伸服务

这是对于一个合格货代人的加固。货代的延伸服务，不能纯粹停留在运输层面，还需要帮助客户制订物流的方案，解决报关中遇到的一些问题。既然我们要靠服务来赚钱，那么一个宗旨，尽量让客户变得轻松，很多事情我们要先于客户想到，提前采取预防措施，把可能会发生的问题，扼杀在萌芽阶段，让客户慢慢依赖上你的服务。即使由于一些原因更换货代，最终客户还是会回来找你，因为别的货代不适合他，他也习惯不了别的货代，那么你就用你的延伸服务彻底征服了客户。延伸服务是维护客户最好的价值体现。

做到以上几个方面，基本上就算是一个合格的货代人了，这需要一个团队的整体配合，个人是很难一下子做全的。一个合格的货代人，其实质就是一个合格的货代操作团队。为了我们货代的美好未来，希望大家努力做一个合格的货代人。

附录　货代业务员感悟[①]

货运感悟——做业务员篇

做货运没有做过业务员，是一个美丽的遗憾；做一个业务员，不能够潇潇洒洒、游刃有余、轻轻松松，更是枉到货运圈子走一回。做货运的业务员吃的是青春饭，过了 40 岁就是"黄花菜"了。为此，我们总有一种将一天当作两天用的冲动，虽然我们还达不到伟人般的境界。

下面就让我用几年来的工作心得为你解读如何成为一名优秀的货代业务员，从中大家共同探讨并提高。我个人对做货代业务很感兴趣，虽还是门外汉，但我肯学，对遇到的问题总是很认真去思索；我能感受到，做一名称得上合格的货代业务员，不是天生的，靠的是汗水与勤奋、微笑与忍耐、执着与拼搏，我常把做好货代业务当作神圣使命一样来对待。

我认为，做一名好的货代业务员，至少要做到：

一、首先要分清楚我要卖什么、我能卖什么

很多人做货代业务时没有头绪，不知要做什么，只能是"做一天和尚撞一天钟"，碰到有人问运价时才去东找找西问问，这是胸无大志者所为。

我们要卖什么，能卖什么呢？这是我们首先要弄清楚的问题。因为货代公司是属于中介服务机构，不比市场小贩，我们的产品是什么，要很清楚。

我们能卖什么呢？我个人认为，我们能卖的只能是：智慧、有限的青春、辛勤的汗水，而其中最主要的就是我们的智慧，这也是我们价值所在。

---

① 摘自福步外贸论坛，作者 ID：baijin。

我们要卖的是什么？我个人认为，我们要卖的是我们的智慧，以换取客户对我们的肯定、认可。

综上所述，我们要卖且能卖的商品就是——无形的自己。但我们要清楚，我们的商品无形中见有形，与传销是完全不同的，我们还常常以此为荣。

二、我们要知道自己能为客户做什么

经常有货代业务员在感叹：客户很挑剔，很难服务；客户有稳定货代在做，很难抢过来；客户要求很离谱，我们不能接受等，这些是业务员不精通业务的表现。

我们不可能一开始就与客户合作，也没有一个货主会千年不变地专给一家货代公司做货物，这是常识。客户越挑剔，越是机会，也越能体现你的能力，这也是常识（提示：碰到这样的客户往往是你的运气来了）。

目前客户需要的是有增值的服务，而非微笑。不知道如何为客户提高工作效率，节省运输成本，避免经营风险，只知道微笑的话，在别人眼中，那不是可爱，而是傻！

要做到增值服务，非易事，也非难事，更没有捷径，只有靠自己真枪实干，勤学、勤练、勤思。有些人说我没有时间来学习，但时间是挤出来的。

有了学、练、思后，还要总结、提高，使之变成自己的智慧，这样才有本钱来问客户要什么。货运知识也不难掌握，难就难在如何使用。

客户不是很懂运输，他需要的是你为其做好运输全程规划。货代业务员的业务知识要很全面，而非接过货后就完成所有，操作、单证、财务知识、公司规定等均要胸有成竹，这样的货代业务员才受客户欢迎。

三、怎样做好业务

研究发现：如果沿着货运流程来学习，你将会事半功倍。

　　货运流程大致是：揽下托单→向船公司订舱→放舱→安排拖车→提柜→报关→回场→上船→收运费/出提单→通知目的港放货→退核销单→归档。

　　以上流程最难的是第一个，也是货代业务员必须过的一关，所以对货代业务员来说很重要。首先，你是公司的生产力；其次，你的认真工作，可减少很多后期工作。因此，货代业务员在公司中的作用很重要，但是你千万不可因此而恃才傲物。

　　做好第一关，业务知识、应变能力、货代业务技巧、国外代理的操作水准和责任感、团队精神、公司的配合等同样重要，并非一个人能力所能及的。

　　在这些因素里，业务知识是货运关键，所以必须多学习。在此我只想提醒注意大家以下几点：

　　（1）学习的途径很多，最笨但也最直接的办法是向同事学习，虚心请教。书面知识要全面，晚上要挤出时间多看看相关书籍，逛逛相关论坛。

　　（2）知识要融会贯通，不能死记硬背，这样才能把知识真正学到手。

　　（3）基础一定要牢固，不论 LCL/FCL，还是空运或特种柜车，你一定要知道一些基本知识［例如，货柜的基本知识，长宽高、体积、限重、类型、内部结构、道门状态、风口、挂钩、不同柜如何装货、柜重等；船公司的船期、竞争运价、拖车价、时间，报关行规定、报关所需要的资料、报关费、报关时间，码头情况、截关时间、开航时间，提单正面、背面条款、提单格式、内容、注意事项、最忌讳之处、签发时间与实际时间、超重问题显示、签发提单与收费关系、主单与分单、电放的注意事项；客户提货时的背书方式、提供证明等；海运费的构成；运输条款；PPD/CCT 的确切含义；部分费用到付法、规定及额外费用、核销退税的退还时间及前提、中东航线对船龄（船籍）的要求、日本和澳洲航线目的港码头费特点，为何可返回费用；收多少返回多少，商检、熏蒸、植检、卫检的做法、种类、相关费用，LCL 的特殊性、运费构成、非美国基本港的重货（抛货）运费算法，等等］。

例如，深圳港口的计算方式：4 吨共 10CBM 铜丝件，广州到 CHICAGO，UL；CY – CY；已知运费到 LA 是 15 USD/CBM/RT；中转费是 27 USD/CBM/RT。

计算方法为：4 吨 = 4 × 1000KGD/363 = 11RT；是重量大，重货。［O/F = 吨数及立方数大者 ×（运价 + DDC）+ RT 与立方数大者 × 中转费 = 10CBM ×（15 + 28.1）+ 4 × 1000 × 27/363 = USD728.5］

此外请注意：前缀是运到 LA 费用，用大船运，体积和重量按照大的测算；后缀是内陆，用拖车，按 1RT/CBM 即 1 计费吨/立方米 = 800 磅 = 363KGS 来计算风陆拖车费，其余不用再算 DDC 了；如果是抛货，体积大，后缀则用体积来计算中转费（拼箱美西 DDC 是 28.1 USD/CBM/RT，美东是 31 USD/CBM/RT）；加拿大是 18 USD/CBM/RT；空运的重货与抛货计算法是按：1RT（计算吨）/ = 167KGS 来计算的；此是我国按 6000 立方厘米折合为 1 千克为计算标准的（国际上是 7000 立方厘米）。

此外，很多人将国外货代这一部分省略了，我认为这是不能忽略的，你应了解国外清关问题、费用、规定：国外一般是货到前 7 天接到 Arrive Noticed 就开始清关，非海关注意客户，一般均可以安全清关；我国是货到港后才开始清关；国外在码头的免费堆存/用箱时间一般为 5 天（有些是 3 天，有些是 7 天），不含周末；超时后一般是 Total 50 美元/柜；一般到港 15 天无人提货则入政府监管舱；并且是一进则收整个月的堆存费、往返拖车费约 1800 美元；在政府监管舱里超过一个月，无人领取，则按无货主处理拍卖；拍卖所得除了付码头费外，其余用作公益事业。

客户千变万化，运输方式几乎是相同的；要注意的是不同客户的货要不同对待，要落实清楚其货物情况；涉及的批文、配额、动植检、熏蒸、并柜等，均要充分了解并清楚其做法。

高明者，将从客户装柜的数量、重量、到装运时间开始，为客户设计装柜、出运等事宜。我曾经帮客户装 22 吨/20 英尺的化肥，按平均每吨收取运费而非按柜收费为其运输，而我们则装到 24～26 吨/20 英尺；我们的利润及客户对我们的信任均占尽了，客户对我们的能力也很欣赏。

遇到危险品、冷冻柜怎么办？

办法是："婆媳过招，见招拆招。"但你必须知道基本常识及风险所在即危险品，目前我们不想做的是：烟花、爆竹、乒乓球、打火机（油漆、火石）、火柴、磷粉、硫黄等较麻烦货品及危险品；另外，到美国的危险品也不要做。我们一般做的是半危险品，3、4、5 类为主；欧洲、东南亚为多；需要资料有：中英文名，UNNO（联合国危规编号），CLASS（危险等级），PAGENO（危规大全书中页码）。

注意每票货均需轮船公司书面确认运费、船期，以确保顺利出运。因为码头是没有危险品免堆存的，不能出运的话，就会很麻烦。危险品还要注意港监手续（危报证），相关商检。

冷冻柜：我们做得较少，但每次均很成功。

需要注意有：拖柜时间、开船时间、温度、开风口、苹果柜、直接上大船。

拖柜时间，关系到提前 24 小时打冷，现在船公司基本是免费的，但不做柜则要收 300 元/天。另外，拖车司机一定要看冷藏机启动是否情况正常；温度，一定要准确到是正还是负，是恒温还是在一个范围内，这关系到货物的氧化，对鲜花、蔬菜等尤其重要。我们曾经有发到新加坡的货柜，因误了船期，年橘树运到后叶子全掉了（当时是货主一定要赶）；开船时间，一般冷冻柜在拖柜日起到开船日止只有 3～4 天的免费柜（含周末），时间很紧张，赶不上船可能导致货物坏死，箱租、堆存费产生很多；此外，一般 3～4天还是不够的，通常会有 1～2 天的箱租、堆存费产生，大约在 60 美元/天；故 REF 柜利润一般要在 150 美元/柜以上才可以做，风险太大。苹果柜，因其有一种成分会挥发，并渗入柜的底板里，不易散去，对后面所装产品会有影响，尤其是香蕉，很容易被此成分催熟，故苹果是不能与香蕉共装的，装了苹果后的箱子也不能直接装香蕉。

需要注意头程船一般没有电源插座，故一般头程船是不接冷冻柜的，尤其是广州港。

四、做货运要靠朋友，广交天下朋友、善待同事

做事者先做人，要交朋友先交心，此是做人的准则。我们不会做坏人，只能做好人，所以对待朋友要真诚，朋友才会对你真诚。有好朋友曾笑称这想法很"老土"，但新时代的"上帝"总是照顾老实人。我做此行不长，但一般的客户，均会成为我的朋友。船公司的主管，很多也是无话不谈的朋友，同行更不例外，所以我的生活很充实。在做货代的几年中，这些朋友对我帮忙确实很大。此外，你也不要忘记你的同事，其实在奋斗历程中，帮助你最多的还是你的同事们，这一点我体会很深。其实，同事的一言一行，均有你学习的地方。很简单，因为他或她专业在做其中的某个环节，是这方面的专家。此外，我很珍惜每周的例会，因为例会上大家均会讲在本周内遇到的如意或不如意的事；如意事我为他们高兴，也经常想此事如果我在做的话，是否也能顺畅；不如意事，我更有兴趣，因为他们的失败则是我明天的成功的经验。还有，我会很认真地去研究他们的失败原因或处理办法。

五、做货运要有好心态

货代业务员一定要修炼好自己的修养，让客户感觉交货给你很放心，让船公司的人放价给你很安心，让同事们为你的货服务时很有信心，此时你不成功也很难。

此修炼很重要，我认为需要注意下面几方面：

（1）货运量是抛物线形的，有高低潮。每年的 5 ~ 11 月是货运的旺季，此时你的货量会较多，也是你与客户沟通是否再做其明年货运的最好时机，此时应注意千万不要得意忘形；其他时间里，货运是低潮，你也不

要灰心。

（2）客户的得失是很正常之事，你不能只吊在一棵树上，客户也有此心态；不必太看重某个客户的得与失，你若有不信任你的客户，也不要怕丢掉那个客户，流水不腐，财疏人旺。

（3）碰到问题是正常的，不碰到才是不正常的，碰到了则应客户之所急，争取在客户动作前解决它。万一解决不了，则应尽早告知客户，因为有时客户处理问题会比你要好，而货运是很讲究时间性的，时间非常重要。

（4）公司里的同事肯定存在能力的差别，我时常比喻为"大学生""中学生""小学生"。这是正常现象，也是公司发展的需要。一方面公司需要新人，新的血液，才有新的活力；另一方面老板们也喜欢用些新人来降低办公成本。你应该很清楚这一点，不能时时对一些"小学生"指手画脚，破坏自己形象；更不要忘记，昨天你也是"小学生"。

（5）自己的业务再多，也必须每票跟到位。不能在客户问你时，事事说不知道，要让客户感觉到你的责任心很强。

（6）目前很多货代业务员"流行"跳槽，在某个公司做了一年半载，就换公司；更有甚者，"身在曹营心在汉"，总想飞单。我想，有点职业道德的人都不会有这样的想法，只是有些人确实是财迷心窍。据我所知，不认认真真做事的人总会受到惩罚。

（7）货代业务员不应该只围绕公司的运价转，运价好的时候货量就多，运价一差，货量就没有了；货代业务员应有一套维护客户的本领。

六、要不断学习、做好计划、创造机遇、坚定信念

学习，我想大家都知道它的重要性，业务知识、英语、电脑等相关知识，要时刻学习。我认为做业务，时刻都在学习。我们有了丰富的知识，谈吐、反应自然就非同一般。

货代业务员也应该根据自己的实际来制订发展计划，为公司也好，为个人也罢，有计划才会让你有一个明确的人生目标及紧迫感，人也才能活得更加充实；有了计划，你就一定会想方设法去实现它，这样就会更多地锻炼你的毅力，在某种程度上升华你人生的价值。

有些人上班时完成手头上的工作后，无所事事，这是他们的悲哀。他们至多是一个过期的、不带现代电脑设备的工作机器。工作不是别人给予的，而是自己创造的。在创造工作的同时，你会发现你其实也创造了机遇，这种人才能更有机会成功。

以上所讲是我近年所得，很长，感谢您能花时间来听空虚、不精彩的"童话"。我想：当你也有冲动写这样的"童话"时，你将会是成功的，起码是与成功有交会的机会。当我写完这些内容时，感到很轻松，因为我认为通过总结可以提高自己，与大家共同学习。我还是有机会与能力来做一名优秀的货代人。祝大家事业有成，更愿大家生活愉快！

后　记

新冠肺炎疫情的第三年，我对这本书进行了第三次改版，每天闲暇之余整理自己的思绪，这是一项富有挑战的工作。这次改版主要增加了一个章节，讲关于海外仓的业务，涉及物流的 FBA、国际小包，综合了福步外贸论坛上一些专业人士分享的经验，给读者一个更全面的国际物流展现，能让读过这本书的读者在谈及最热门的国际术语的时候也能在自己的脑海中留下大致印象，不至于一头雾水。其实这些年货代这个行业并不好过，经历了金融危机，又经历了新冠肺炎疫情的洗礼，很多原先从事这个行业的人都转行了，而留下来的基本在稳步中有着不错的突破。很欣慰，也很怀念当初一起拼搏的一个个货代人的故事，更多的是对货代的亲切感。我每天都会关注福步外贸论坛的物流板块，因为这其中有我的心血，也可以看看新人的成长，看看最近行业的一些新鲜事，更看到了疫情当下海运费的飙升，到美国的一个货从原先的两三千美金上涨到两万美金的价格，上涨到令人咋舌的地步；还关注到了苏伊士运河因为沉船而导致几个月的运力缩减……国际物流的种种仿佛都在昨天。

最应该感谢的还是你们这些可爱的读者，感谢你们的信任和支持，让我的书在行业内一直比较畅销，从第一版到现在第三版经历了十多年。我相信本书的畅销，一定和你们的力荐分不开。所以在此我感谢每一个阅读过和推荐过本书的朋友。希望这次改版后依然能够得到大家的认可，更希望有故事的你们能够和我分享你们成功或者铭记的故事，让我和你们一起一直感受着货代行业的起起伏伏，酸甜苦辣。

书名	作者	定价	书号	出版时间
7. 从零开始学外贸	外贸人维尼	58.00 元	978-7-5175-0382-8	2019 年 10 月第 1 版
8. 小资本做大品牌:外贸企业品牌运营	黄仁华	58.00 元	978-7-5175-0372-9	2019 年 10 月第 1 版
9. 金牌外贸企业给新员工的内训课	Lily 主编	55.00 元	978-7-5175-0337-8	2019 年 3 月第 1 版
10. 逆境生存:JAC 写给外贸企业的转型战略	JAC	55.00 元	978-7-5175-0315-6	2018 年 11 月第 1 版
11. 外贸大牛的营与销	丹 牛	48.00 元	978-7-5175-0304-0	2018 年 10 月第 1 版
12. 向外土司学外贸 1:业务可以这样做	外土司	55.00 元	978-7-5175-0248-7	2018 年 2 月第 1 版
13. 向外土司学外贸 2:营销可以这样做	外土司	55.00 元	978-7-5175-0247-0	2018 年 2 月第 1 版
14. 阴阳鱼给外贸新人的必修课	阴阳鱼	45.00 元	978-7-5175-0230-2	2017 年 11 月第 1 版
15. JAC 写给外贸公司老板的企管书	JAC	45.00 元	978-7-5175-0225-8	2017 年 10 月第 1 版
16. 外贸大牛的术与道	丹 牛	38.00 元	978-7-5175-0163-3	2016 年 10 月第 1 版
17. JAC 外贸谈判手记——JAC 和他的外贸故事	JAC	45.00 元	978-7-5175-0136-7	2016 年 8 月第 1 版
18. Mr. Hua 创业手记——从 0 到 1 的"华式"创业思维	华 超	45.00 元	978-7-5175-0089-6	2015 年 10 月第 1 版
19. JAC 外贸工具书——JAC 和他的外贸故事	JAC	45.00 元	978-7-5175-0053-7	2015 年 7 月第 1 版
20. 外贸菜鸟成长记(0~3 岁)	何嘉美	35.00 元	978-7-5175-0070-4	2015 年 6 月第 1 版

外贸操作实务子系列

书名	作者	定价	书号	出版时间
1. 外贸高手客户成交技巧 3:差异生存法则	毅 冰	69.00 元	978-7-5175-0378-1	2019 年 9 月第 1 版
2. 外贸高手客户成交技巧 2——揭秘买手思维	毅 冰	55.00 元	978-7-5175-0232-6	2018 年 1 月第 1 版
3. 外贸业务经理人手册(第三版)	陈文培	48.00 元	978-7-5175-0200-5	2017 年 6 月第 3 版
4. 外贸全流程攻略——进出口经理跟单手记(第二版)	温伟雄(马克老温)	38.00 元	978-7-5175-0197-8	2017 年 4 月第 2 版
5. 金牌外贸业务员找客户(第三版)——跨境电商时代开发客户的 9 种方法	张劲松	40.00 元	978-7-5175-0098-8	2016 年 1 月第 3 版
6. 实用外贸技巧助你轻松拿订单(第二版)	王陶(波锅涅)	30.00 元	978-7-5175-0072-8	2015 年 7 月第 2 版
7. 出口营销实战(第三版)	黄泰山	45.00 元	978-7-80165-932-3	2013 年 1 月第 3 版
8. 外贸实务疑难解惑 220 例	张浩清	38.00 元	978-7-80165-853-1	2012 年 1 月第 1 版
9. 外贸高手客户成交技巧	毅 冰	35.00 元	978-7-80165-841-8	2012 年 1 月第 1 版
10. 报检七日通	徐荣才 朱瑾瑜	22.00 元	978-7-80165-715-2	2010 年 8 月第 1 版
11. 外贸实用工具手册	本书编委会	32.00 元	978-7-80165-558-5	2009 年 1 月第 1 版
12. 快乐外贸七讲	朱芷萱	22.00 元	978-7-80165-373-4	2009 年 1 月第 1 版
13. 外贸七日通(最新修订版)	黄海涛(深海鱿鱼)	22.00 元	978-7-80165-397-0	2008 年 8 月第 3 版

出口风险管理子系列

书名	作者	定价	书号	出版时间
1. 轻松应对出口法律风险	韩宝庆	39.80 元	978-7-80165-822-7	2011 年 9 月第 1 版

书名	作者	定价	书号	出版时间
2. 出口风险管理实务(第二版)	冯斌	48.00 元	978-7-80165-725-1	2010 年 4 月第 2 版
3. 50 种出口风险防范	王新华 陈丹凤	35.00 元	978-7-80165-647-6	2009 年 8 月第 1 版

外贸单证操作子系列

1. 跟单信用证一本通(第二版)	何源	48.00 元	978-7-5175-0249-4	2018 年 9 月第 2 版
2. 外贸单证经理的成长日记(第二版)	曹顺祥	40.00 元	978-7-5175-0130-5	2016 年 6 月第 2 版
3. 信用证审单有问有答 280 例	李一平 徐珺	37.00 元	978-7-80165-761-9	2010 年 8 月第 1 版
4. 外贸单证解惑 280 例	龚玉和 齐朝阳	38.00 元	978-7-80165-638-4	2009 年 7 月第 1 版
5. 信用证 6 小时教程	黄海涛(深海鱿鱼)	25.00 元	978-7-80165-624-7	2009 年 4 月第 2 版
6. 跟单高手教你做跟单	汪德	32.00 元	978-7-80165-623-0	2009 年 4 月第 1 版

福步外贸高手子系列

1. 外贸技巧与邮件实战(第二版)	刘云	38.00 元	978-7-5175-0221-0	2017 年 8 月第 2 版
2. 外贸电邮营销实战 ——小小开发信 订单滚滚来(第二版)	薄如鹗	45.00 元	978-7-5175-0126-8	2016 年 5 月第 2 版
3. 巧用外贸邮件拿订单	刘裕	45.00 元	978-7-80165-966-8	2013 年 8 月第 1 版

国际物流操作子系列

1. 货代高手教你做货代 ——优秀货代笔记(第二版)	何银星	33.00 元	978-7-5175-0003-2	2014 年 2 月第 2 版
2. 国际物流操作风险防范 ——技巧·案例分析	孙家庆	32.00 元	978-7-80165-577-6	2009 年 4 月第 1 版

通关实务子系列

1. 外贸企业轻松应对海关估价	熊斌 赖芸 王卫宁	35.00 元	978-7-80165-895-1	2012 年 9 月第 1 版
2. 报关实务一本通(第二版)	苏州工业园区海关	35.00 元	978-7-80165-889-0	2012 年 8 月第 2 版
3. 如何通过原产地证尽享关税优惠	南京出入境检验检疫局	50.00 元	978-7-80165-614-8	2009 年 4 月第 3 版

彻底搞懂子系列

1. 彻底搞懂信用证(第三版)	王腾 曹红波	55.00 元	978-7-5175-0264-7	2018 年 5 月第 3 版
2. 彻底搞懂关税(第二版)	孙金彦	43.00 元	978-7-5175-0172-5	2017 年 1 月第 2 版
3. 彻底搞懂提单(第二版)	张敏 张鹏飞	38.00 元	978-7-5175-0164-0	2016 年 12 月第 2 版
4. 彻底搞懂中国自由贸易区优惠	刘德标 祖月	34.00 元	978-7-80165-762-6	2010 年 8 月第 1 版
5. 彻底搞懂贸易术语	陈岩	33.00 元	978-7-80165-719-0	2010 年 2 月第 1 版
6. 彻底搞懂海运航线	唐丽敏	25.00 元	978-7-80165-644-5	2009 年 7 月第 1 版

外贸英语实战子系列

1. 十天搞定外贸函电(白金版)	毅冰	69.00 元	978-7-5175-0347-7	2019 年 4 月第 2 版
2. 让外贸邮件说话——读懂客户心理的分析术	蔡泽民(Chris)	38.00 元	978-7-5175-0167-1	2016 年 12 月第 1 版

书名	作者	定价	书号	出版时间
3. 外贸高手的口语秘籍	李凤	35.00元	978-7-80165-838-8	2012年2月第1版
4. 外贸英语函电实战	梁金水	25.00元	978-7-80165-705-3	2010年1月第1版
5. 外贸英语口语一本通	刘新法	29.00元	978-7-80165-537-0	2008年8月第1版

📖 外贸谈判子系列

书名	作者	定价	书号	出版时间
1. 外贸英语谈判实战（第二版）	王慧 仲颖	38.00元	978-7-5175-0111-4	2016年3月第2版
2. 外贸谈判策略与技巧	赵立民	26.00元	978-7-80165-645-2	2009年7月第1版

📖 国际商务往来子系列

书名	作者	定价	书号	出版时间
国际商务礼仪大讲堂	李嘉珊	26.00元	978-7-80165-640-7	2009年12月第1版

📖 贸易展会子系列

书名	作者	定价	书号	出版时间
外贸参展全攻略——如何有效参加B2B贸易商展（第三版）	钟景松	38.00元	978-7-5175-0076-6	2015年8月第3版

📖 区域市场开发子系列

书名	作者	定价	书号	出版时间
中东市场开发实战	刘军 沈一强	28.00元	978-7-80165-650-6	2009年9月第1版

📖 加工贸易操作子系列

书名	作者	定价	书号	出版时间
1. 加工贸易实务操作与技巧	熊斌	35.00元	978-7-80165-809-8	2011年4月第1版
2. 加工贸易达人速成——操作案例与技巧	陈秋霞	28.00元	978-7-80165-891-3	2012年7月第1版

📖 乐税子系列

书名	作者	定价	书号	出版时间
1. 外贸企业免退税实务——经验·技巧分享（第二版）	徐玉树 罗玉芳	55.00元	978-7-5175-0428-3	2020年5月第2版
2. 外贸会计账务处理实务——经验·技巧分享	徐玉树	38.00元	978-7-80165-958-3	2013年8月第1版
3. 生产企业免抵退税实务——经验·技巧分享（第二版）	徐玉树	42.00元	978-7-80165-936-1	2013年2月第2版
4. 外贸企业出口退（免）税常见错误解析100例	周朝勇	49.80元	978-7-80165-933-0	2013年2月第1版
5. 生产企业出口退（免）税常见错误解析115例	周朝勇	49.80元	978-7-80165-901-9	2013年1月第1版
6. 外汇核销指南	陈文培等	22.00元	978-7-80165-824-1	2011年8月第1版
7. 外贸企业出口退税操作手册	中国出口退税咨询网	42.00元	978-7-80165-818-0	2011年5月第1版
8. 生产企业免抵退税从入门到精通	中国出口退税咨询网	98.00元	978-7-80165-695-7	2010年1月第1版
9. 出口涉税会计实务精要（《外贸会计实务精要》第二版）	龙博客工作室	32.00元	978-7-80165-660-5	2009年9月第2版

书名	作者	定价	书号	出版时间

📖 专业报告子系列

书名	作者	定价	书号	出版时间
1. 国际工程风险管理	张燎	1980.00 元	978-7-80165-708-4	2010 年 1 月第 1 版
2. 涉外型企业海关事务风险管理报告	《涉外型企业海关事务风险管理报告》研究小组	1980.00 元	978-7-80165-666-7	2009 年 10 月第 1 版

📖 外贸企业管理子系列

书名	作者	定价	书号	出版时间
1. 外贸经理人的 MBA	毅冰	55.00 元	978-7-5175-0305-7	2018 年 10 月第 1 版
2. 小企业做大外贸的制胜法则——职业外贸经理人带队伍手记	胡伟锋	35.00 元	978-7-5175-0071-1	2015 年 7 月第 1 版
3. 小企业做大外贸的四项修炼	胡伟锋	26.00 元	978-7-80165-673-5	2010 年 1 月第 1 版

📖 国际贸易金融子系列

书名	作者	定价	书号	出版时间
1. 国际结算单证热点疑义相与析	天九湾贸易金融研究汇	55.00 元	978-7-5175-0292-0	2018 年 9 月第 1 版
2. 国际结算与贸易融资实务（第二版）	李华根	55.00 元	978-7-5175-0252-4	2018 年 3 月第 1 版
3. 信用证风险防范与纠纷处理技巧	李道金	45.00 元	978-7-5175-0079-7	2015 年 10 月第 1 版
4. 国际贸易金融服务全程通（第二版）	郭党怀 张丽君 张贝	43.00 元	978-7-80165-864-7	2012 年 1 月第 2 版
5. 国际结算与贸易融资实务	李华根	42.00 元	978-7-80165-847-0	2011 年 12 月第 1 版

📖 毅冰谈外贸子系列

书名	作者	定价	书号	出版时间
毅冰私房英语书——七天秀出外贸口语	毅冰	35.00 元	978-7-80165-965-1	2013 年 9 月第 1 版

"创新型"跨境电商实训教材

书名	作者	定价	书号	出版时间
跨境电子商务概论与实践	冯晓宁	48.00 元	978-7-5175-0313-2	2019 年 1 月第 1 版

"实用型"报关与国际货运专业教材

书名	作者	定价	书号	出版时间
1. 国际货运代理操作实务（第二版）	杨鹏强	48.00 元	978-7-5175-0364-4	2019 年 8 月第 2 版
2. 集装箱班轮运输与管理实务	林益松	48.00 元	978-7-5175-0339-2	2019 年 3 月第 1 版
3. 航空货运代理实务（第二版）	杨鹏强	55.00 元	978-7-5175-0336-1	2019 年 1 月第 2 版
4. 进出口商品归类实务（第三版）	林青	48.00 元	978-7-5175-0251-7	2018 年 3 月第 3 版
5. e 时代报关实务	王云	40.00 元	978-7-5175-0142-8	2016 年 6 月第 1 版
6. 供应链管理实务	张远昌	48.00 元	978-7-5175-0051-3	2015 年 4 月第 1 版

书名	作者	定价	书号	出版时间
7. 电子口岸实务（第二版）	林 青	35.00 元	978-7-5175-0027-8	2014 年 6 月第 2 版
8. 报检实务（第二版）	孔德民	38.00 元	978-7-80165-999-6	2014 年 3 月第 2 版
9. 现代关税实务（第二版）	李 齐	35.00 元	978-7-80165-862-3	2012 年 1 月第 2 版
10. 国际贸易单证实务（第二版）	丁行政	45.00 元	978-7-80165-855-5	2012 年 1 月第 2 版
11. 报关实务（第三版）	杨鹏强	45.00 元	978-7-80165-825-8	2011 年 9 月第 3 版
12. 海关概论（第二版）	王意家	36.00 元	978-7-80165-805-0	2011 年 4 月第 2 版

"精讲型"国际贸易核心课程教材

1. 国际贸易实务精讲（第七版）	田运银	49.50 元	978-7-5175-0260-9	2018 年 4 月第 7 版
2. 国际货运代理实务 精讲（第二版）	杨占林 汤 兴 官敏发	48.00 元	978-7-5175-0147-3	2016 年 8 月第 2 版
3. 海关法教程（第三版）	刘达芳	45.00 元	978-7-5175-0113-8	2016 年 4 月第 3 版
4. 国际电子商务实务精讲 （第二版）	冯晓宁	45.00 元	978-7-5175-0092-6	2016 年 3 月第 2 版
5. 国际贸易单证精讲（第四版）	田运银	45.00 元	978-7-5175-0058-2	2015 年 6 月第 4 版
6. 国际贸易操作实训精讲 （第二版）	田运银 胡少甫 史 理 朱东红	48.00 元	978-7-5175-0052-0	2015 年 2 月第 2 版
7. 进出口商品归类实务精讲	倪淑如 倪 波 田运银	48.00 元	978-7-5175-0016-2	2014 年 7 月第 1 版
8. 外贸单证实训精讲	龚玉和 齐朝阳	42.00 元	978-7-80165-937-8	2013 年 4 月第 1 版
9. 外贸英语函电实务精讲	傅龙海	42.00 元	978-7-80165-935-4	2013 年 2 月第 1 版
10. 国际结算实务精讲	庄乐梅 李 菁	49.80 元	978-7-80165-929-3	2013 年 1 月第 1 版
11. 报关实务精讲	孔德民	48.00 元	978-7-80165-886-9	2012 年 6 月第 1 版
12. 国际商务谈判实务精讲	王 慧 唐力忻	26.00 元	978-7-80165-826-5	2011 年 9 月第 1 版
13. 国际会展实务精讲	王重和	38.00 元	978-7-80165-807-4	2011 年 5 月第 1 版
14. 国际贸易实务疑难解答	田运银	20.00 元	978-7-80165-718-3	2010 年 9 月第 1 版

"实用型"国际贸易课程教材

1. 进出口商品归类教程	李锐文 林坚弟	60.00 元	978-7-5175-0518-1	2021 年 9 月第 1 版
2. 外贸跟单实务（第二版）	罗 艳	48.00 元	978-7-5175-0338-5	2019 年 1 月第 2 版
3. 海关报关实务	倪淑如 倪 波	48.00 元	978-7-5175-0150-3	2016 年 9 月第 1 版
4. 国际金融实务	李 齐 唐晓林	48.00 元	978-7-5175-0134-3	2016 年 6 月第 1 版
5. 国际贸易实务	丁行政 罗 艳	48.00 元	978-7-80165-962-0	2013 年 8 月第 1 版

中小企业财会实务操作系列丛书

1. 做顶尖成本会计应知应会 150 问（第二版）	张 胜	48.00 元	978-7-5175-0275-3	2018 年 6 月第 2 版
2. 小企业会计疑难解惑 300 例	刘 华 刘方周	39.80 元	978-7-80165-845-6	2012 年 1 月第 1 版
3. 会计实务操作一本通	吴虹雁	35.00 元	978-7-80165-751-0	2010 年 8 月第 1 版